Thorsten Tschirner
Christine Wolters

Men's Health

Bauchmuskelbuch

Mehr Muskeln – weniger Fett
Die besten Fatburner-Sportarten
Clever essen
Waschbrettbauch:
Die effektivsten Übungen

Fotos Patrick Beier

Rowohlt Taschenbuch Verlag

rororo Men's Health
Lektorat Bernd Gottwald

Wir danken der adidas-Salomon AG für die freundliche und zuvorkommende Unterstützung dieses Projekts!

Neuausgabe April 2003 | Veröffentlicht im Rowohlt Taschenbuch Verlag GmbH, Reinbek bei Hamburg, Juni 2001 | Copyright © 2001 by Rowohlt Taschenbuch Verlag GmbH, Reinbek bei Hamburg | Redaktion Thorsten Krause | Umschlaggestaltung any.way Barbara Hanke/Cordula Schmidt (Foto: Rowohlt/Patrick Beier) | Gestaltung Christine Lohmann, Hamburg | Satz Elektra und Chantilly (PostScript), QuarkXPress 4.1 | Gesamtherstellung Clausen & Bosse, Leck | Printed in Germany
ISBN 3 499 61499 5

Die Schreibweise entspricht den Regeln der neuen Rechtschreibung.

Inhalt

7 Von Mann zu Mann

8 Das Bodyconcept

10 DIE ERKENNTNIS: Der Bauch muss weg
12 DIE DEVISE: Die Energiebilanz muss stimmen
13 DIE BAUSTEINE: Ernährung, Ausdauer, Kraft und Konturen
15 DIE AUSREDE: Keine Zeit?
17 DIE ERFOLGSKONTROLLE: Wiegen und Messen

20 Ernährung: *Sprengen Sie Ihre Fettschicht!*

22 Nach der Diät ist vor der Diät
22 Kalorie ist nicht gleich Kalorie
31 Clever essen, damit der Bauch nicht die Fassung verliert
35 Kraftfutter für Muskelarbeiter
38 Kleine Tricks gegen den großen Hunger

44 Ausdauer: *Legen Sie Ihre Muskeln frei!*

46 Den Brenneffekt nutzen
47 In Herzensangelegenheiten
48 Die richtige Drehzahl
54 Der kluge Run auf das Fett
58 Fatburner-Sportarten im Überblick
61 Dem Bauchfett Feuer machen

64 Kraft: *Mehr Muskeln bitte!*

66 Muskeln aufbauen, Fett verlieren
67 Smarter Start für harte Muskeln

| 69 | Sechs Geheimnisse des Muskelaufbaus |
| 74 | 30 Minuten, die Ihren Bauch zur Geltung bringen |

76 Konturen: *Training für Ihr Sixpack!*

78	Die Bedeutung der Bauchmuskulatur
78	Kleine Anatomielektion
81	DER CRUNCH: Die Bauchmuskelübung
84	Die Spielregeln
90	Die Mitspieler

100 Königsdisziplin: *Die Bauchmuskelübungen*

103	GERADE BAUCHMUSKULATUR: Das Sixpack
123	SCHRÄGE BAUCHMUSKULATUR: Taille macht Figur
151	UNTERE BAUCHMUSKULATUR: Der Feinschliff
164	ATHLETICS: Das Bauchmuskel-Plus

188 Durchhalten, Männer!

190	HEAD COACHING: Den Erfolg vor Augen
191	Schaffen Sie sich Erfolgserlebnisse
193	So bleiben Sie Ihrem Training treu ...

198 Pläne für den flachen Bauch

200	PLAN A: Der 4-Wochen-Ernährungsplan
203	PLAN B: Kondition kontra Kalorien
209	PLAN C: Das perfekte Workout
214	Kalorienkiller-Abc
216	Anhang

Von Mann zu Mann

Stellen Sie sich doch mal vor den Spiegel, und ziehen Sie Ihr T-Shirt hoch – ist das, was Sie sehen, auch das, was Sie sehen wollen? Oder sehen Sie einen Rettungsring, der über die Jahre nahezu unmerklich angewachsen ist? Und der sich als äußerst hartnäckig erweist, obwohl Sie ihm bereits mit einer täglichen Einheit Sit-ups und diversen Diäten zu Leibe gerückt sind? Dann lesen Sie weiter!

Der Waschbrettbauch ist der Gradmesser der persönlichen Fitness, der Porsche unter den definierten Muskelgruppen. Wer ihn hat, ist König. Wer ihn haben will, muss schwitzen! Bei Männern tummeln sich am Bauch nun mal genetisch bedingt die meisten Fettzellen. Trotzdem kann sich jeder Mann den Traum von einer definierten Bauchmuskulatur erfüllen. **Auch in Ihnen schlummert das berühmte Sixpack!** Wirklich schade, wenn eine Fettschicht den Blick darauf versperrt. Aber nur Mut – Sie haben Ihr Potenzial ja bei weitem noch nicht ausgeschöpft …

Regeln, Vorschriften, Konkurrenz – Sie finden, dass das Männerleben schon genug davon geprägt ist? Finden wir auch! Und quälen Sie daher nicht mit falschen Versprechungen und starren Plänen, sondern liefern Ihnen variable Bausteine für Ihren Weg zu den perfekten Bauchmuskeln. Wie schnell und effektiv Sie Ihr Sixpack freilegen, hängt von mehreren Komponenten ab – wichtig sind eine ausgewogene Ernährung, ein regelmäßiges Ausdauer- und Krafttraining, gezielte Bauchübungen und die richtige Einstellung. Den entscheidenden Faktor sehen wir deshalb im Wissen um die Möglichkeiten Ihres Körpers und das Zusammenspiel dieser Komponenten!

Damit Sie Ziele und Erfolgsmöglichkeiten realistisch einschätzen und alles aus sich herausholen können, haben wir die Fakten kompakt zusammengetragen. Wir wenden uns dabei an jeden Mann: Wenn Sie noch ein paar Kilo Fettgewebe spazieren tragen, dann helfen wir Ihnen mit den notwendigen Informationen zum Einstieg auf die Sprünge. Wenn Sie nur noch ein gezieltes Feintuning benötigen, dann werden Sie mit unseren Expertentipps schon nach kurzer Zeit die ersten deutlichen Waschbrettmuster erkennen. Kombinieren Sie entsprechend Ihrem Trainingszustand, Ihrer Zielsetzung und Ihrer Motivation!

Und wenn der Wille doch mal nachlässt? Dann stellen Sie sich vor den Spiegel und ziehen Ihr T-Shirt hoch …

Das Bodycon

Erstes Kapitel / *Das Bodyconcept*

Bitter, aber wahr: Jeder Mann hat den Bauch, den er verdient. **Das Gute daran ist der Umkehrschluss: Sie haben es selbst in der Hand, Ihre Bauchmuskeln gezielt zu definieren!** Im Klartext: Allein Ihre Lebensweise und Ihre Einstellung entscheiden darüber, ob aus Ihrem Bauch ein Waschbrett wird.

DIE ERKENNTNIS:
Der Bauch muss weg

Spätestens, wenn Ihre Liebste flüstert, dass sie Ihr kleines Bäuchlein sexy findet, wissen Sie: Irgendetwas ist schief gelaufen! Denn dann hat sich an Ihrer Körpermitte zu viel Fett abgelagert und zu wenig Muskulatur aufgebaut.

Die Sahnetorte gestern war's nicht allein – **Übergewicht und schlaffe Bauchmuskeln entstehen nicht von heute auf morgen, sondern über Monate und Jahre hinweg.** Kritisch wird es bei Männern vor allem ab den Dreißigern. Zeitlich begrenzte und drastische Diätmaßnahmen sind deshalb kein wirksames Mittel, um eine dauerhafte Optimierung Ihrer Bauchzone zu erreichen.

Doch auch das gezielte Training am Bauch kann nur Teil einer auf den gesamten Körper gerichteten Strategie sein, wenn Ihre Bemühungen sichtbar werden sollen. Um beim Fußball ein erfolgreicher Torjäger zu werden, reicht es schließlich auch nicht, beim Training nur auf das Tor zu schießen. Nachvollziehbar? Deshalb bedarf es auch mehr, als täglich 30 Crunches in Folge runterzureißen, damit Ihre Bauchmuskeln an Profil gewinnen. Ihr Bauch verlangt nach einem ausgewogenen Trainingsprogramm, das Elemente sowohl zum Fettabbau als auch zum Muskelaufbau enthält und mit einer «bauchgerechten» Ernährung kombiniert wird! Die Hoffnung, mit einem Minimum an Aufwand ein Maximum an Bauchmuskeln herauszuholen, müssen Sie damit zwar begraben. Dafür aber sichert Ihnen unser Bodyconcept einen wirklich überzeugenden Auftritt – in Ihrem Tempo, nach Ihren Ansprüchen, kurz: auf der Ideallinie!

Fette Depots bringen Sie nur an der Börse weiter

Ein Bauch ist nicht nur unansehnlich, er kann auch Ihrer Gesundheit schaden. Fett hat von allen Nährstoffen den höchsten Brennwert, daher kann der Körper große Energiereserven in Form von Fettdepots anlegen. Die Speicherung erfolgt im Unterhautfettgewebe und dort vor allem im Bauchraum. Das Speicherfett ist kein totes Gewebe, sondern es wird reichlich mit Blutgefäßen versorgt und ist in ständigem Umbau begriffen. Zu große Fettspeicher bedeuten daher für den Gesamtorganismus eine Belastung – vor allem für den Kreislauf. Mit dem Bauchumfang wächst deshalb auch das Risiko hinsichtlich Herz-Kreislauf-Krankheiten, hohen Blutdrucks und Diabetes.

Viele Gründe, warum das Bauchfett wegmuss!

→ Sie halten sich aufrechter.

→ Ihr Herz-Kreislauf-System kapituliert nicht mehr vor wenigen Treppenstufen.

→ Sie vermindern das Risiko, an Diabetes zu erkranken.

→ Sie müssen mit Ihrem Arzt nicht mehr Ihre Cholesterinwerte diskutieren.

→ Ihr Selbstbewusstsein steigt mit der Härte Ihrer Bauchmuskeln.

→ Sie haben mehr Ausdauer beim Sex ...

→ ... und müssen dabei nicht mehr den Bauch einziehen.

→ Sie haben einen freien Blick auf die Waage.

→ Sie können beim normalen Herrenausstatter einkaufen.

→ Sie können sich an quer gestreifte Kleidung wagen.

→ Sie wirken unglaublich dynamisch – Ihre Chancen auf den Topjob steigen.

→ Sie sind im Fight-Club vor Tiefschlägen geschützt.

→ Sie passen besser in einen Sportwagen.

→ Sie verbessern Ihren Golfabschlag – nicht nur in der B-Note.

→ Sie müssen sich keine Witze mehr über männliche Schwangerschaft anhören.

→ Frauen betrachten endlich mehr als nur Ihren Po.

→ Sie bleiben 20 Jahre lang 30.

→ Sie leben länger.

Erstes Kapitel / *Das Bodyconcept*

DIE DEVISE:
Die Energiebilanz muss stimmen

Die Rechnung ist eigentlich ganz einfach: Wer mehr Energie aufnimmt, als er verbraucht, legt an Gewicht zu. An dieser Gesetzmäßigkeit kommt keiner vorbei – am wenigsten Ihr Bauch. Wollen Sie also etwas für sich und Ihren Bauch tun, dann müssen Sie die Rechnung umdrehen und dabei möglichst von zwei Seiten angreifen: **Verringern Sie Ihre Energieaufnahme, und erhöhen Sie Ihren Energieverbrauch, um Ihre Bilanz wieder ins Gleichgewicht zu bringen!**

Die Energieaufnahme erfolgt durch Nahrung und wird in der Maßeinheit Kilokalorien (kcal), kurz Kalorien, angegeben. Überschüssige Kalorien lagern sich als Depotfett im Unterhautfettgewebe ein – und bringen Ihre Hemden zum Spannen. Ergo: Wenn Sie weniger Kalorien zu sich nehmen, sieht Ihre Energiebilanz schon wesentlich besser aus. Das heißt aber nicht, dass Sie ab jetzt Kalorientabellen auswendig lernen müssen – im Gegenteil, Sie sollen nicht weniger, sondern besser essen.

Auf die Überholspur am Fett vorbei bringt Sie jedoch erst das Zusammenspiel mit ausreichender Bewegung. Jeder zusätzliche Energieverbrauch hält Ihren Stoffwechsel in Schwung und verbrennt genau die Kalorien, die Ihnen über der Gürtellinie zu anhänglich geworden sind. Etwa 1 kcal pro Körpergewicht und Stunde können Sie bereits dafür veranschlagen, dass Ihre Körperfunktionen ihre Routineaufgaben ausführen, z.B. die Körpertemperatur konstant halten. Diesen Grundumsatz können Sie um einen Leistungsumsatz in beliebiger Höhe ergänzen – in welche Regionen Sie dabei vorstoßen, hängt vor allem von der Masse der eingesetzten Muskulatur sowie der Dauer und Intensität der körperlichen Aktivität ab.

Knallharte Zahlen: Als Mann verbrauchen Sie 2400 bis 3000 Kalorien am Tag, der darin enthaltene Grundumsatz liegt bei etwa 1000 Kalorien. Mittelschwere körperliche Arbeit erfordert z.B. eine erhöhte Kalorienzufuhr von etwa 600 Kalorien pro Tag. Um 1 Kilogramm Fettgewebe zu verlieren, müssen Sie etwa 7000 Kalorien einsparen. Auf lange Sicht ist eine wöchentliche Gewichtsabnahme von etwa 1/2 bis höchstens 1 Kilogramm realistisch und sinnvoll.

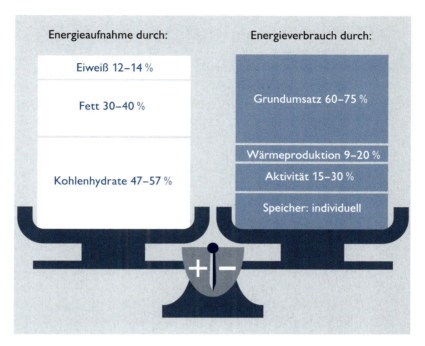

So kommt die Energiebilanz ins Gleichgewicht

DIE BAUSTEINE:
Ernährung, Ausdauer, Kraft und Konturen

Ihre Erfolge als «Mister Abs» hängen von Faktoren ab, die wie die Glieder einer Kette ineinander greifen. Die Kette ist immer nur so stark wie ihr schwächstes Glied. Checken Sie die Bausteine des Bodyconcepts, und stellen Sie persönliche Lebens- und Trainingsgewohnheiten auf den Prüfstand!

DAS FUNDAMENT:
Eine ausgewogene Ernährung

Die Zeit des gedankenlosen Herunterschlingens sollten Sie beenden, damit Ihnen Ihre Ernährung keinen Strich durch die Trainingsbilanz macht. Doch

Erstes Kapitel / *Das Bodyconcept*

von Askese kann keine Rede sein: Wer clever is(s)t, reduziert seinen Kalorienverbrauch, ohne weniger auf dem Teller zu haben. Anstatt Ihnen die Butter ganz vom Brot zu nehmen, geben wir Ihnen leicht verdauliche Kost: die wichtigsten Informationen für eine ausgewogene Ernährung sowie kleine Tricks, die Ihnen helfen, Ihre Erfolge langfristig aus dem Bauch heraus zu sichern.

DER DAUERBRENNER:
Fettabbau durch Ausdauertraining

Das Fett muss weg! Der Abbau von Fettreserven wird zentral gesteuert und hat nichts damit zu tun, welche Muskulatur belastet wird. Wenn Sie also eine Übung für die Bauchmuskeln machen, um dort – und nur dort! – Fett abzubauen, dann müssen wir Sie enttäuschen: Der Energieverbrauch ist viel zu gering. Erst ein regelmäßiges Ausdauertraining legt Ihren Bauch so richtig flach, indem es die allgemeine Fettverbrennung aktiviert.

DIE POWER:
Kraft trainieren – Fett verlieren

Ein gezieltes Muskeltraining ist die ideale und notwendige Ergänzung zum Ausdauertraining: Hier erschaffen Sie nicht nur den Rahmen, der Ihre Körpermitte erst richtig zur Geltung bringt, mindestens ebenso wichtig ist, dass der mit dem regelmäßigen Training verbundene Muskelaufbau Ihren Grundumsatz erhöht. Muskeln sind wie ein PS-starker Motor im Leerlauf – sie schlucken reichlich Kraftstoff, selbst wenn sie nicht auf vollen Touren laufen. Je mehr Muskelmasse Sie besitzen, desto mehr Energie verheizen Sie also auch dann, wenn Sie sich vor dem Fernseher lümmeln – mit jedem Pfund Muskeln etwa 100 Kalorien pro Tag mehr!

DER DURCHBRUCH:
Konturenschliff mit Bauchmuskeltraining

Ihr Profil wird schnell zum Sixpack, wenn Sie mit unterschiedlichen Übungen und Varianten arbeiten – und damit jede Faser Ihrer Bauchmuskulatur maximal fordern! Wichtig: Legen Sie Ihr Ziel klar fest! Möchten Sie zunächst den Fettabbau forcieren oder Ihre Bauchmuskulatur stärker ausprägen? Grundsätzlich sollten beide Elemente, das Fettstoffwechsel- und das Muskelaufbautraining, vorhanden sein – Sie können und sollen aber persönliche Schwerpunkte setzen.

DIE AUSREDE: **Keine Zeit?**

Das Zeitproblem – die wohl beliebteste Ausrede der Welt, wenn es darum geht, dauerhaft gegen die Fettdepots anzutreten! Doch die seltsame Verbindung zwischen Ihren Geschäftsterminen und Ihrem Bauch ist Geschichte – Zeitmangel lassen wir zukünftig als Argument nicht mehr gelten. Forschungen zeigen, dass drei zehnminütige Übungseinheiten ohne Ruhepausen etwa 95 Prozent der Vorteile eines durchgängigen Cardio-Trainings über 30 Minuten bringen. Es lohnen sich also auch kleinere Einheiten von etwa 10 Minuten, wenn Sie damit ein Tagespensum von 30 Minuten Bewegung erreichen!

Der gleiche Ansatz funktioniert übrigens auch im Hinblick auf das Abnehmen: Eine verbrannte Kalorie ist eine verbrannte Kalorie, ganz gleich, ob sie in 10- oder 30-Minuten-Blöcken abgebaut wurde. Hier will Sie also niemand zum Umzug ins Fitness-Studio überreden – wenn es hart auf hart kommt, können Sie auch Ihre Lieblings-Soap für eine Runde auf dem Hometrainer nutzen!

So kriegen Sie Ihr Fett ganz nebenbei weg!

18 Wege, um 100 Kalorien zu verbrennen

→ Ein Stück Currywurst abbeißen und schlucken, so schnell kann man sich 100 Kalorien anfuttern. Sie loszuwerden dauert länger. Wie Sie es schaffen, steht hier.

→ Verwöhnen Sie ihre Liebste 20 Minuten lang mit einer Ganzkörpermassage. Oder küssen Sie sie leidenschaftlich – für 9,24 Minuten.

→ Im Fitness-Studio: Ihr Studio hat ein Skilanglaufgerät? Prima, darauf verarbeiten Sie in 5,1 Minuten 100 Kalorien. Auf dem Laufband

Erstes Kapitel / *Das Bodyconcept*

dauert das 6,8 Minuten (bei 12 km/h), 14,2 Minuten auf dem Fahrradergometer und 20 Minuten auf dem Rudergerät (15 km/h).

→ Sie sind ein Schlägertyp? Schwingen Sie 14 Minuten lang den Tennisschläger, spielen Sie 15,7 Minuten Badminton, 23 Minuten Tischtennis oder sieben Minuten Squash.

→ 9,3 Minuten lang mit Hanteln arbeiten. Muskeln gibt's gratis dazu.

→ Lesen Sie eine Stunde lang den Wirtschaftsteil der Zeitung – und ärgern Sie sich dabei über die Aktienkurse!

→ Inline-Skater mit 20 km/h überholen den Jogger mit 12 km/h zwar locker. Um 100 Kalorien zu vernichten, brauchen sie aber 16,6 Minuten, der Jogger nur 6,8 Minuten. Weit abgeschlagen: Schnelle Spaziergänger und Walker benötigen 18 Minuten.

→ Wer beim Wandern zehn Kilo Gepäck mit sich herumschleppt, verbrennt 100 Kalorien in 10,2 Minuten, bei fünf Kilo in zwölf Minuten. Ohne Gepäck brauchen Sie dafür 14 Minuten. Flachlandtiroler räumen ihre Wohnung in zehn Minuten um!

→ Wasserratten haben die Wahl zwischen neun Minuten kraulen, zwölf Minuten surfen oder 34 Minuten Kajak fahren.

→ Eiskalt: Wer erst bei Minustemperaturen in Schwung kommt, fährt 15,6 Minuten Abfahrtsski, 7,5 Minuten Langlauf oder 12 Minuten Schlittschuh.

→ Pushen Sie sich in zehn Minuten auf 97 Liegestütze.

→ 30 Minuten Walzer tanzen. Bei Techno- und Discorhythmen genügen schon 14 Minuten.

→ Lassen Sie Federn in einer 65-Minuten-Kissenschlacht!

→ Ballsportler? Elf Minuten Basketball, 30 Minuten Volleyball oder zwölf Minuten kicken!

→ 300 Kalorien beim Haus-Marathon: 24 Minuten bügeln plus 30 Minuten Staub saugen plus sechs Minuten die Beine hochlegen plus 30 Minuten kochen.

→ Jagen Sie dem Bus 15 Minuten lang hinterher – bei einer Geschwindigkeit von zehn Stundenkilometern haben Sie am Morgen schon satte 294 Kalorien verbrannt!

> → 30 Minuten Frisbee mit Ihrer Freundin – da gehen Sie weite Wege! Hinterher Schuhe putzen bringt nochmal 40 Zusatzkalorien.
> → Immerhin: Einfach nur rumstehen bringt in 62,5 Minuten 100 Kalorien!

DIE ERFOLGSKONTROLLE:
Wiegen und Messen

Abnehmen oder Fett verlieren? Genau hier liegt der Unterschied! Ihr **Körpergewicht allein ist auf dem Weg zum Waschbrettbauch nicht die entscheidende Größe – viel wichtiger ist die Fett-Muskel-Zusammensetzung Ihres Körpers.** Muskeln wiegen einfach mehr als Fett. Deshalb gilt ein muskelbepackter Zehnkämpfer auf gängigen Gewichtstabellen als übergewichtig, obwohl er nur acht Prozent Körperfett aufweist – was bei einem durchschnittlich schlanken Büromenschen ganz anders aussehen kann! Lassen Sie deshalb Ihre Waage ruhig in der Ecke stehen – es sei denn, sie misst zusätzlich zum Körpergewicht auch den Fettgehalt in Prozent. Dieser sollte bei Männern um die 30 Jahre zwischen 17 und 23 Prozent liegen.

Messen der Körperproportionen

Das gute alte Kleidermaßband gibt Ihnen zuverlässig Auskunft über die Verteilung von Fett und Muskulatur in Ihrem Körper. Orientieren Sie sich dabei nicht in erster Linie an vorgegebenen Idealwerten – wichtiger ist es, eine Verbesserung vom Status quo aus zu beurteilen. Das allerdings dürfen Sie genau nehmen: Je geringer die Umfänge an Hüfte und Taille werden, desto mehr Fett haben Sie verloren. Entsprechend gibt eine harte Umfangssteigerung an den von Ihnen gewünschten Stellen Ihre Fortschritte beim Muskelaufbau in Zahlen wieder.

Erstes Kapitel / *Das Bodyconcept* 18

So messen Sie Ihre Körperproportionen

Fünf Ansatzpunkte ergeben das genaueste Gesamtbild. Entspannen Sie die Körperregion, die Sie gerade messen.

→ **Brust:** Hier messen Sie in der Brustmitte. Führen Sie das Maßband von hinten nach vorne.

→ **Oberarm:** Messen Sie ruhig an der dicksten Stelle! Lassen Sie den Arm dabei locker hängen. Sie können diese Messung allein durchführen, indem Sie ein Ende des Maßbandes mit einem Klebestreifen befestigen.

→ **Taille:** Hier wird der Punkt mit dem geringsten Umfang gemessen. Führen Sie das Band wieder sauber von hinten nach vorne.

→ **Hüfte:** Stellen Sie sich aufrecht hin, und schlagen Sie die Hacken zusammen! Führen Sie das Band von hinten nach vorne über die deutlichste Ausprägung des Gesäßes.

→ **Oberschenkel:** Unmittelbar unterhalb des Gesäßes messen!

BONUS:
Steh gerade, Mann!

Der Copperfield-Trick: Bauch weg in einer Sekunde! Zauberei? Nein – allein Ihre Körperhaltung lässt Ihren Bauch schwinden und Sie größer und schlanker erscheinen!

> ### So verbessern Sie Ihre Körperhaltung
>
> → **Kopf:** Ihr Kopf ruht gerade zwischen den Schultern, das Kinn steht stets parallel zum Boden.
> → **Schultern:** Ihre Schultern nehmen Sie so weit zurück, dass sie mit den Ohren und Hüften auf einer Ebene liegen.
> → **Beine:** Öffnen Sie die Beine schulterweit, Knie und Füße zeigen in einer Linie nach vorne.
> → **Profil:** Zeigen Sie sich von Ihrer besten Seite, richten Sie sich an einer imaginären Linie aus, die von Ihrem Ohr gerade zur Schulter, entlang der Hüfte und des Knies bis zum Fußgelenk verläuft.

Ernährung:
Sprengen Sie Ihre Fettschicht!

Zweites Kapitel / *Ernährung*

Nach der Diät ist vor der Diät

Blitz-Diäten, Crash-, Ananas-Reis- und Eier-Diäten … **Vergessen Sie Diäten, wenn Ihnen Ihre Bauchmuskeln am Herzen liegen!** Diäten ziehen in aller Regel den berüchtigten Jo-Jo-Effekt nach sich: Sobald Sie Ihre Energiezufuhr für einige Tage stark reduzieren, schaltet Ihr Körper auf Sparflamme und reagiert mit einem deutlichen Rückgang des Energieverbrauchs, d. h. des Grundumsatzes. Essen Sie nach einer masochistischen Fastenkur wieder wie zuvor, dann können Sie gleich nach der nächsten Diät suchen: Ihr Körper bunkert nun sogar das Sushi aus der Mittagspause als Vorrat für magere Zeiten – mit dem Resultat, dass sich Ihre Fettzellen praller füllen denn je.

Doch ein Übel kommt selten allein. Die Freude, bereits nach wenigen Tagen Diät ein paar Kilo verloren zu haben, ist mehr als verfrüht: Ihr Körper greift zuerst auf seine Kohlenhydratdepots zurück, die mit viel Wasser im Körper gespeichert sind. Sie verlieren deshalb zunächst kein Fett, sondern lediglich Wasser. Und was die Sache für kernige Jungs noch schlimmer macht: Sie verstoffwechseln gleichzeitig viel körpereigenes Eiweiß – hart antrainierte Muskelmasse wird abgebaut! Die Erklärung für dieses Dilemma: In den Muskeln lässt sich Energie in Form von Aminosäuren und Stärke schneller abbauen als in den Fettdepots. Und da Muskeln fester sind und mehr wiegen als Fett, können Sie Gewicht verlieren und dabei noch Fett ansetzen.

Ersparen Sie sich also die Erfahrung, Ihre Kumpels um Hilfe bei der Bewältigung Ihres Post-Diät-Traumas bitten zu müssen. Kümmern Sie sich lieber um eine gesunde und ausgewogene Ernährung!

Kalorie ist nicht gleich Kalorie

Um bei der langfristigen Gewichtskontrolle erfolgreich zu sein, sollten Sie sich mit den Grundnährstoffen vertraut machen. Ein geschärfter Blick sichert Ihnen den Fortschritt auf dem Weg zum Waschbrettbauch auf Ihrem Streifzug als Jäger und Sammler im nächsten Supermarkt, indem Sie allzu fette Beute vermeiden. **Das Schönste daran: Sie nehmen ab, ohne auch nur eine Schweißperle zu vergießen!**

Sprengen Sie Ihre Fettschicht!   ·23

Kohlenhydrate sind Energiebündel

Früher Dickmacher, heute Fitmacher – zum Glück für Ihre Bauchmuskeln hat man erkannt, dass Kohlenhydrate mit **4 kcal je Gramm** vor allem schnelle Kraftstofflieferanten sind. Auch wenn die Portion Spaghetti zum Frühstück wohl eher für den Radprofi gedacht ist: **Kohlenhydrate sind für Ihre Gehirn- und Nervenzellen die ökonomischste verwertbare Energiequelle.**

Kohlenhydrate werden im Körper schrittweise zu Traubenzucker – Insider sprechen von Glukose – gespalten, der ständig in einer bestimmten Konzentration im Blut zirkuliert – das ist der Blutzuckerspiegel. Da die Kohlenhydratreserven im Körper nur wenige 100 Gramm betragen, sind Kohlenhydrate echte VIPs und werden vor allen anderen Grundnährstoffen aufgenommen. Für eine gesunde Ernährung sind speziell Reis, Nudeln, Kartoffeln, Hülsenfrüchte, Vollkornbrot, Obst und Gemüse zu empfehlen. Sie enthalten langkettige Kohlenhydrate, die – im Gegensatz zu einkettigen Zuckermolekülen, dem Grundbaustein der Kohlenhydrate – langsam, aber kontinuierlich ins Blut gehen. Das hält Ihren Blutzuckerspiegel konstant und Ihren Magen satt. Außerdem spielen langkettige Kohlenhydrate als rasch mobilisierbare Reserve in Leber und Muskeln (Glykogen als Speicherform der Kohlenhydrate) eine große Rolle: Sind die Depots voll, läuft die Fettverbrennung erst richtig auf vollen Touren – und genau das ist Ihr Ziel! Wer dagegen wenig Kohlenhydrate isst, kann seine Fettreserven nur begrenzt nutzen und damit kaum angreifen. Und selbst wenn Kohlenhydrate im Überschuss vorhanden sind, werden sie kaum in körpereigenes Fett verwandelt, sondern primär durch eine gesteigerte Wärmeentwicklung des Körpers wieder abgegeben.

Wichtig: Ballaststoffe!

Diesen Ballast sollten Sie nicht abwerfen! Ballaststoffe gehören zur Gruppe der komplexen Kohlenhydrate, können aber nicht verdaut werden. Gerade das macht sie so wertvoll: Sie quellen im Darm und verschaffen Ihnen ein langes Sättigungsgefühl. Die pflanzlichen Faser- und Füllstoffe finden sich z.B. in Vollkornprodukten wie Vollkornbrot, Getreideflocken, Weizen-, Gerste- und Haferkleie, Hülsenfrüchten oder in Kartoffeln, Gemüse und Obst. Um den Quelleffekt voll auszuschöpfen, sollten Sie viel trinken!

Zweites Kapitel / *Ernährung*

Fett macht fett

Fette sind Verbindungen aus Glyzerin und Fettsäuren und kommen sowohl in tierischen als auch in pflanzlichen Produkten vor. Zwar ist Fett neben den Kohlenhydraten der wichtigste Energielieferant für Ihre Höchstleistungen, aber es ist zugleich der absolute Kalorienkönig: Ein Gramm Fett kann im Vergleich mehr als doppelt so viele Kalorien speichern wie ein Gramm Kohlenhydrate – nämlich **ganze 9 kcal pro Gramm**! Weil ein Berg Kartoffeln nun mal greifbarer erscheint als das in Lebensmitteln enthaltene Fett, unterschätzt man zudem leicht die Energiemenge, die man durch Fett zu sich nimmt. Doch nicht nur Ihr Vorstellungsvermögen, auch Ihr Stoffwechsel ist Fetten relativ wehrlos ausgesetzt: Nur etwa drei Prozent der Energie gehen bei der Verdauung verloren, der Rest wird gnadenlos in körpereigenes Fett verwandelt und in den Fettdepots abgespeichert – mit unbarmherzig unbegrenzter Kapazität.

Was wie ein Fluch klingt, kann aber auch ein Segen sein. Immerhin liegt der Schlüssel zur langfristigen Gewichtsreduzierung in Ihrer Hand! **Wer sich bei Fetten zurückhält, nimmt langsam und kontinuierlich ab.** Wenn Sie bei den Fettsäuren dazu noch auf den feinen Unterschied achten, können Sie noch mehr für Ihre Gesundheit tun. Denn wie in einem klassischen Hollywoodstreifen gibt es auch hier eine klare Trennung zwischen Gut und Böse. Die Bösen sind hier die gesättigten Fettsäuren, die vor allem in tierischen Fetten wie Butter, Schmalz und Fleisch vorkommen – weil eine übermäßige Zufuhr zu einer Erhöhung des «schlechten» LDL-Cholesterins führt. Während die guten – einfach ungesättigten Fettsäuren z.B. aus Avocados und Oliven – das Gesamtcholesterin senken, setzen die noch besseren mehrfach ungesättigten Fettsäuren den Turbo in Gang: Sie senken das LDL-Cholesterin und erhöhen gleichzeitig das «gute» HDL-Cholesterin, das vor Arteriosklerose schützt. Mehrfach ungesättigte Fettsäuren kommen vor z.B. als wertvolle Omega-3-Fettsäuren in Hering, Lachs, Makrele und Thunfisch oder als Omega-6-Fettsäuren in Sonnenblumen-, Distel-, Soja- oder Weizenkeimöl.

Tipp: Lassen Sie sich nicht anschmieren! Butter und Margarine unterscheiden sich bezüglich des Fettgehalts nicht! Auch Diätmargarine zeichnet sich «nur» durch einen Reichtum an mehrfach ungesättigten Fettsäuren aus. Tatsächlich reduzieren Sie den Fettgehalt mit Frischkäse (15 %), Hüttenkäse (5 %) oder Magerquark (0,3 %).

Sprengen Sie Ihre Fettschicht!

> ## «Light», «kalorienarm», «fettarm» oder «kalorienreduziert»?
>
> Was Sie beim Fett unbedingt beachten sollten: «Light» ist nicht gleich «Light» – dieser Begriff ist rechtlich unverbindlich und kann deshalb von «weniger Kalorien Im Stammprodukt» über «leicht bekömmlich» bis zu «gestreckt» nahezu alles bedeuten. Am Energiegehalt des Produkts pro Gewichtseinheit ändert sich deshalb noch lange nichts! In «kalorienarmen» Produkten dürfen dagegen laut Gesetz nicht mehr als 50 Kalorien pro 100 Gramm enthalten sein, in «fettarmen» Produkten sogar nicht mehr als 20 Kalorien. Und unter die Kategorie «kalorienreduziert» fällt alles, was mindestens 40 Prozent weniger Kalorien enthält als das vergleichbare Original – Kopfrechnen lohnt sich!
>
> Hier die Fettformel (1 g Fett = 9 kcal):
>
> $$\frac{\text{xx g Fett x 9 kcal x 100}}{\text{Gesamtkalorien}} = \text{xx \% Kalorien aus dem Fett}$$
>
> **Beispiel:** Sie kaufen ein Fertiggericht mit 6 g Fett und 450 Kalorien:
>
> $$\frac{\text{6 g Fett x 9 kcal x 100}}{\text{450 Gesamtkalorien}} = \text{12 \% Kalorien aus dem Fett}$$
>
> Gratulation, gut gewählt! Nur 12 Prozent der Gesamtkalorien kommen bei diesem Fertiggericht aus dem Fett! Halten Sie sich generell an Nahrungsmittel, bei denen weniger als 30 Prozent der Kalorien aus dem Fett stammen.

Eiweiß baut Muskeln auf

Eiweiße (4 kcal/Gramm), auch Proteine genannt, bestehen aus Aminosäuren und bilden den Grundbaustoff der Zellen. Für Ihre Muskeln ist Eiweiß daher unentbehrlich – was allerdings nicht heißt, dass Sie mit Proteinampullen zusätzlich für Nachschub sorgen müssen! Bei einer ausgewogenen Ernährung ist die Eiweißzufuhr gesichert. Zudem werden Eiweiße nur unter Ausnahmebedingungen als Energielieferanten herangezogen, etwa bei kohlenhydratarmen Crashdiäten.

Zweites Kapitel / *Ernährung*

Lebensmittel	Eiweiß/ 100 g	Fett/ 100 g	Fett-Eiweiß-Verhältnis	Biologische Wertigkeit (%)
Kabeljaufilet	17,0	0,3	1:57	75
Magerquark	13,5	0,3	1:45	81
Harzer Käse	30,0	0,7	1:43	81
Putenbrust	24,1	1,0	1:24	70
Grüne Erbsen	5,8	0,5	1:12	47
Weißbrot	7,5	1,2	1:6	64
Vollkornbrot	6,8	1,2	1:6	69
Rinderfilet	21,2	4,0	1:5	79
Hüttenkäse	15,4	4,8	1:3	81
Mais	3,0	1,2	1:2,5	54
Haferflocken	13,3	7,7	1:2	60
Tofu	8,0	5,0	1:1,5	53
Thunfisch	21,5	15,5	1:1,5	72
Hühnerei	11,0	10,0	1:1	100
Vollmilch	3,3	3,5	1:1	81
Edamer (45%)	24,8	28,3	1:1	80
Erdnussbutter	28,0	50,0	2:1	47
Nuss-Nougat-Creme	4,0	31,0	8:1	71

Das Eiweiß-Ranking – lassen Sie Zahlen sprechen:

Bei der Eiweißernährung dürfen Sie den Fettgehalt der Nahrungsmittel nicht außer Acht lassen: Entscheidend ist das Fett-Eiweiß-Verhältnis! So ist z.B. der Eiweißgehalt von Harzerkäse und Erdnussbutter nahezu gleich, im Fettgehalt unterscheiden sie sich allerdings um den Faktor 90! Die biologische Wertigkeit zeigt an, wie gut die Nahrungsmittel den Bedarf an essenziellen Aminosäuren decken. Während Fleisch, Fisch und Milchprodukte ein nahezu komplettes Spektrum liefern, weisen Gemüse und Getreide Lücken auf, die Sie durch Kombination ausgleichen sollten.

Vitamine, Mineralstoffe und Spurenelemente – die Joker

Diese drei Ernährungsjoker liefern selbst zwar keine Energie, sind aber als Bestandteil von Enzymen, Hormonen und Reaktionsabläufen Voraussetzung für viele lebenswichtige Stoffwechselvorgänge im Körper.

Vitamine sorgen schon in winzigen Mengen dafür, dass Ihr Körper reibungslos funktioniert, indem sie das Zellwachstum und die Zellregeneration kontrollieren und die Energieproduktion stimulieren. Möchten Sie Ihrem Bauch die Arbeit erleichtern, dann sichern Sie vor allem die ausreichende Versorgung mit Vitamin C, da es die Fettverbrennung ankurbelt! Vergessen Sie nicht, dass z.B. das Karotin der Möhren – eine Vorstufe des Vitamins A – fettlöslich ist und daher immer ein paar Tropfen hochwertigen Pflanzenöls benötigt, um aktiv zu werden! Außerdem sollten Sie Ihren Vitamin-B1- und Vitamin-B6-Bedarf beachten, der durch einen vermehrten Energieumsatz im Kraft- und Ausdauertraining erhöht ist! Sie decken ihn z.B. durch Vollkornbrot, Kartoffeln, Hülsenfrüchte, Geflügel-, Kalb- und Rindfleisch, Leber, Weizenkeime und verschiedene Kohlsorten.

Mineralstoffe wie Natrium und Kalium sind lebensnotwendig für die Funktion der Zellen. Der Aufbau der Knochen stützt sich vor allem auf Magnesium, Kalzium, Kalium und Phosphor. Die restlichen Mineralstoffe sind Spurenelemente: Fluor, Zink, Eisen, Chrom, Kupfer und Selen wirken bereits in winzigen Mengen und treten im Körper nur in ganz geringen Konzentrationen auf.

Tipp: Auch die Aufnahme von Eisen wird durch Vitamin C gefördert! Essen Sie also Fleisch immer mit frischem Salat oder Gemüse, Vollkornbrot mit Orangensaft, Vollkornhaferflocken mit frischem Obst, Sonnenblumenkerne oder Sesamsaat zum Obstsalat!

Zweites Kapitel / *Ernährung*

Vitamine	Tagesdosis (normal)	Dosis für Sportler	Lieferanten
Vitamin A	0,8–1 mg	3–3,6 mg	Gemüse, Milch(produkte), Fisch
Vitamin E	12 mg	15–35 mg	pflanzliche Öle, Erbsen, Grünkohl
Vitamin B1	1,5 mg	3–6 mg	Vollkornprodukte, Hefe, Kartoffeln, Hülsenfrüchte, Schweine- und Geflügelfleisch
Vitamin B2	1,5–1,8 mg	2–4 mg	Milch(produkte), Käse, Schweine-, Rind- und Geflügelfleisch, Vollkornprodukte
Vitamin B6	1,6–1,8 mg	2–4 mg	Weizenkeime, Bohnen, Geflügel-, Rind-, Kalb- und Schweinefleisch, Vollkornprodukte
Niacin	15–18 mg	30–40 mg	Vollkornprodukte, Erbsen, Rind-, Schweine- und Geflügelfleisch, Seefisch
Vitamin C	75 mg	100–500 mg	frisches Obst und Gemüse, Kartoffeln, Paprika, Tomaten
Mineralien			
Natriumchlorid	5 g	15–25 g	Kochsalz, Fleisch- und Wurstwaren, Hartkäse, Dosengemüse, Räucherfisch
Kalium	3–4 g	4–6 g	Hülsenfrüchte, Trockenfrüchte, Nüsse, Fleisch, grünes Gemüse
Magnesium	350 mg	500–700 mg	Hefe, Weizenkleie, Getreide, Nüsse, Fleisch, grünes Gemüse
Kalzium	0,8 g	1–2 g	Milch(produkte), Gemüse
Phosphor	0,8 g	2–2,5 g	Milch(produkte), Fisch, Fleisch
Jod	200 µg	300 µg	Fisch, Meeresfrüchte, Milchfrischprodukte, Jodsalz
Eisen	12 mg	20–25 mg	Fleischprodukte, Spinat, Milchfrischprodukte

Die Fitmacher auf einen Blick: Damit Sie in der Kantine auch mal neben die Pommes greifen! Denn wer sich pro Woche in fünf oder mehr Trainingseinheiten à 60 bis 90 Minuten schindet, hat einen erhöhten Bedarf an Vitaminen und Mineralstoffen.

Mehr Power durch Zusatzpräparate?

Zusatzpräparate dürften Sie auf Ihrem Weg zum Waschbrett bei einer ausgewogenen Ernährung und Flüssigkeitszufuhr kaum brauchen, es sei denn, es liegt ein konkreter Mangel vor. Wenn Ihre Leistung nachlässt, Sie sich schlapp fühlen und unter Appetitlosigkeit leiden, dann sollten Sie sich vom Arzt auf einen Mangel hin untersuchen lassen und diesen entsprechend ausgleichen. Von Allround-Gemischen, in denen alles enthalten sein soll, sehen Sie besser ab – nicht zuletzt deshalb, weil sich manche Substrate in ihrer Wirkung gegenseitig sogar aufheben. Bei einigen Vitaminen sind zudem Überdosierungen ungesund, z.B. beim Vitamin D.

Sprengen Sie Ihre Fettschicht!

Wasser lässt stahlharte Muskeln aufleben

Auch wenn sich ein sportlich gestählter Körper nicht so anfühlt: Er besteht zu 60 Prozent aus Wasser. Wasser lässt Blut, Lymphe und andere Körperflüssigkeiten fließen, sodass Nährstoffe überhaupt erst in die einzelnen Zellen gelangen. Es schwemmt Stoffwechselendprodukte, die bei der Verbrennung der Nährstoffe entstehen, wieder aus. Der Griff zur Wasserflasche kann deshalb gar nicht oft genug erfolgen. Ideal ist die täglich Aufnahme von etwa 1,5 bis zwei Liter Wasser mit geringem Natrium- und Chlorid- und hohem Magnesium-, Kalzium- und Kaliumgehalt – besonders, wenn Sie regelmäßig Sport treiben. **Trinken Sie am besten schon zwei Stunden vor dem Workout reichlich Wasser!** Während der Trainingseinheit eignet sich auch Apfelschorle oder ein isotonisches Sportgetränk.

Ohne Wasser versauern die Muskeln!

Schweißverlust führt zu Leistungsabfall, wenn Sie nicht rechtzeitig genügend Flüssigkeit nachfüllen! Das Blut dickt ein, was sowohl den Nährstoff- und Sauerstofftransport zu den Zellen wie auch den Abtransport z.B. von Laktat (Milchsäure) beeinträchtigt. Ihre Muskeln reagieren darauf im wahrsten Sinne des Wortes sauer und mit geringerer Leistungsfähigkeit.

Sorry, aber Alkohol ist kein Grundnährstoff!

Zwar lassen sich einige durchaus positive Argumente für den maßvollen Alkoholgenuss finden: Beim Essen steigert er die Eisenaufnahme im Dünndarm, und die im Rotwein enthaltenen Flavonoide schützen die Blutfette als Antioxidantien vor negativen Sauerstoffeinflüssen, die auch bei einem intensiven Workout auftreten können. Studien ergaben auch, dass ein geringer Alkoholkonsum das Verhältnis von «gutem» und «schlechtem» Cholesterin günstig beeinflusst. Es sollte aber auf jeden Fall bei einem maßvollen Alkoholgenuss bleiben, auch wenn Sie der Legende vom «Grundnahrungsmittel Bier» nur zu gerne glauben würden! Alkohol ist zwar von sich aus kein Dickmacher, in Verbindung mit fettreichen Snacks tappen Sie jedoch in eine echte Ernährungsfalle: Der Abbau des aufgenommenen Alkohols hat für den

Zweites Kapitel / *Ernährung*

Körper absoluten Vorrang. Bei diesem Prozess werden pro Gramm Alkohol beachtliche sieben kcal frei, mehr also als bei Kohlenhydraten oder Eiweiß. So werden die in der Warteschlange befindlichen Nahrungsfette zur Energieabdeckung nicht mehr benötigt und wandern direkt in die Fettdepots! Als Aperitif wirkt Alkohol außerdem äußerst appetitanregend. Mit zunehmendem Alkoholgenuss schwindet die Hemmschwelle – und damit fallen alle guten Vorsätze.

Bauplan einer ausgewogenen Ernährung: Die Basis bilden kohlenhydratreiche Produkte wie Kartoffeln, Getreide und Ballaststoffe, die Sie lange satt halten. Darüber hinaus nehmen Sie Obst und Gemüse zu sich, deren Gehalt an Vitaminen und bioaktiven Substanzen Sie gesund und fit macht. Kohlenhydrate, Obst und Gemüse sollten bis zu 75 Prozent der aufgenommenen Nahrungsenergie betragen! Für den Rest wird es damit jetzt schon ganz schön eng – bei diversen Milchprodukten sowie vor allem bei tierischen Eiweißprodukten wie Fleisch und Fisch zählt deshalb Qualität vor Quantität. Nur die winzige Spitze ist mit Fetten, Ölen und Süßigkeiten gefüllt.

Sprengen Sie Ihre Fettschicht!

Clever essen, damit der Bauch nicht die Fassung verliert

Ihre Trumpf-Speisekarte in puncto Ernährung! Für jede Mahlzeit des Tages haben wir die besten Tipps zusammengestellt.

Frühstück

→ Steigen Sie um auf fettarme Milch – auch bei den Italienern gehört Sahne nicht in den Kaffee!

→ Bringen Sie die Butter nach dem Aufstehen auf streichzarte Zimmertemperatur – die Dosierung wird sonst unkontrollierbar!

→ Wählen Sie Alternativen zu Nutella – auch Marmelade und Honig sind süß, und zwar mit etwa 50 Kalorien und sechs Gramm Fett weniger pro Portion!

→ Ersetzen Sie Doppelrahmkäse durch Hüttenkäse – das spart pro Esslöffel fünf Gramm und 38 Kalorien!

→ Streichen Sie Ihr Knuspermüsli, und greifen Sie zu Früchtemüsli – das senkt Ihr Fettkonto um durchschnittlich fünf bis zehn Gramm pro 100 Gramm. Cornflakes sind eine geradezu fettfreie Alternative!

Lunch

→ Nutzen Sie das Salatbuffet – so stillen Sie Ihren ärgsten Hunger mit fettarmer und vitaminreicher Kost. Achten Sie auf fettarmes Dressing!

→ Werten Sie Salat zu einer vollwertigen Nahrung auf – mit einer Dose Mais und Kidneybohnen hält auch ein Salat den Magen lange satt.

→ Wählen Sie für Nudeln lieber Tomatensoße, Meeresfrüchte und Gemüse – Hände weg von allem, was Alfredo oder Carbonara heißt!

→ Wenn Sie schon Fastfood wählen, dann clever – ein Hamburger ist weniger fett als eine Bratwurst. Der Kebap mit Salat und Tsatsiki ist dagegen fast schon gesund!

Zweites Kapitel / *Ernährung*

→ Schneiden Sie sichtbares Fett an Fisch und Fleisch weg – das spart Kalorien!

→ Füllen Sie Ihren Teller am Buffet zuerst mit Gemüse, Kartoffeln, Reis und Nudeln – wenn bereits ¾ des Tellers gefüllt sind, können Sie zum Fleisch übergehen!

→ Lassen Sie sich Soßen extra bringen – dann können Sie nach Belieben portionieren!

→ Meiden Sie Panaden und Frittiertes – hier kriegen Sie nur Fettkalorien ohne Nährwert!

→ Süßen Sie mit Gewürzen, z.B. mit Zimt oder Vanille – damit wird Zucker eingespart!

Dinner

→ Wählen Sie Pizza lieber in der Originalversion, mit Tomaten-Mozzarella-Basilikum-Belag anstelle von Salami – das spart über 20 Gramm Fett und etwa 250 Kalorien!

→ Essen Sie vollkorniges Brot – das beinhaltet langkettige Kohlenhydrate und vor allem viele Ballaststoffe, die Sie lange satt halten!

→ Entschärfen Sie Ihr Vesper – anstelle von Butter eignen sich auch Quark, Hüttenkäse, Joghurtaufstriche oder Senf!

→ Ersetzen Sie beim Aperitif den Champagner durch Tomatensaft – das beruhigt den Magen und sättigt bereits!

→ Gehen Sie im Verlauf des Abends zur Weinschorle über, oder trinken Sie auf jedes Glas Wein immer auch ein Glas Wasser – das senkt Ihre Alkoholaufnahme um 50 Prozent!

Die pfiffigsten Snacks

→ Legen Sie Weintrauben und Äpfel in Griffnähe – Früchte sind tolle Fructoselieferanten, die den Heißhunger auf Süßes bremsen.

→ Greifen Sie als Snack zwischendurch zur Banane – eine Banane hat nur 130 Kalorien, und aus ihren Kohlenhydraten wird Glukose erzeugt, der wichtigste Energielieferant des Gehirns!

Sprengen Sie Ihre Fettschicht!   33

> → Füllen Sie Ihren Magen zwischendurch mit Reiskeksen und Zwieback – das ergibt keine Fettdepots!
> → Holen Sie sich die Extraportion Eiweiß aus mageren Joghurt- und Quarkspeisen – das kurbelt Ihr Denkvermögen nochmal so richtig an!
> → Seien Sie vorsichtig bei Nüssen – sie sind gesund, enthalten aber viel Fett!
> → Ziehen Sie Obst den Obstsäften vor – bei gleichem Kaloriengehalt sättigt der Biss in den Apfel eher als das Glas Apfelsaft.
> → Trinken Sie viel – Mineralwasser täuscht dem Magen Fülle vor und liefert die nötige Kühlflüssigkeit, wenn Sie mal wieder auf 180 sind!

Fettfallen entschärfen

Nahrungsmittel	fettarme Alternativen	Fettersparnis/100 g
Butter	Halbfettbutter	42 g (391 kcal)
Bratwurst	Grillhähnchen	15g (140 kcal)
Emmentaler	Leerdamer light	12,7 g (118 kcal)
Schokomüsli	Cornflakes	10,5 g (98 kcal)
Kräuterfrischkäse	Frischkäse light	15,5 g (144 kcal)
Sahne-Eiscreme	Fruchteis	10 g (93 kcal)
Schokolade	Karamellbonbons	25 g (233 kcal)
Kartoffelchips	Salzstangen	34 g (316 kcal)
Thunfisch in Öl	Thunfisch im eigenen Saft	12 g (112 kcal)
Salami	Jagdwurst	16,8 g (156 kcal)
Roher Schinken	Gekochter Schinken	22 g (205 kcal)
Kasseler	Schnitzel	15,1 g (140 kcal)

Ihr Essen muss nicht immer «erste Sahne» sein!

Zweites Kapitel / *Ernährung*

Frühstück

Nicht nur der Mix, sondern auch die Reihenfolge macht's: von der gesunden und fettarmen Kost hin zu den kalorienhaltigeren Lebensmitteln. Starten Sie beispielsweise mit einer Grapefruit, danach machen Sie sich an eine Schale Cornflakes mit Milch. Zwischendurch etwas Kaffee oder Orangensaft dazu, und bevor Sie bei Nutella & Co. ankommen sind, sind Sie bereits satt.

Rühren Sie Ihr Müsli mit Fruchtsäften anstatt Milch an. Sie sparen pro 100 Milliliter 3,5 Gramm Fett (bei Vollmilch) und bekommen zusätzlich Vitamine geliefert.

Warum nehmen Sie Buttertoast, wenn Sie noch Butter drauftun? Vollkorntoast spart pro Scheibe ein, Vollkornbrot sogar zwei Gramm Fett.

Lunch

Essen Sie eine fettarme Suppe als Vorspeise (z.B. Hühnersuppe). Die füllt den Magen und dämpft den Heißhunger, bevor die Hauptspeise auf dem Tisch steht.

Braten Sie mit einer beschichteten Pfanne. Damit sparen Sie eine Menge Fett. Noch bessere Zubereitungsalternativen: Grillen oder Dünsten.

Erhitzen Sie das Öl in der Pfanne, bevor Sie anfangen zu braten. Fisch, Fleisch und Gemüse saugen kaltes Öl schneller als heißes auf.

Schmeißen Sie die Fritteuse raus, und backen Sie die Pommes Frites auf dem Blech im Ofen (elf Gramm Fett auf 100 Gramm weniger).

Dinner

Fleisch ja, aber mager. Auf dem Teller landen dürfen Putenbrust, Hähnchen (ohne Haut), Schweine- und Kalbsfilet, denn die enthalten maximal zwei Gramm Fett pro 100 Gramm.

Wenn Sie auf Schweine- oder Rindfleisch nicht verzichten können, sollten Sie zu leicht marmorierten Stücken greifen. Dadurch sparen Sie zusätzliches Fett in der Pfanne.

Gemüse oder Reis als Beilage sorgt dafür, dass der Heißhunger vor dem Schlafengehen ausbleibt. Die darin enthaltenen Ballaststoffe quellen im Magen weiter auf und sättigen zusätzlich. Außerdem bremsen sie das fettförderliche Ansteigen des Blutzuckerspiegels.

Sprengen Sie Ihre Fettschicht!   35

Stinkekäse? Kein Problem. Anstelle des Limburgers (40 Prozent Fett i. Tr.) greifen Sie zum Harzer. Der Gestank bleibt Ihnen erhalten, Sie verzichten aber auf 220 Kalorien. Anders gesagt: 20 Gramm Fett pro 100 Gramm.

Für Fans geräucherter Fischwaren: Ersetzen Sie Aal durch Lachs, und Sie vermeiden 24 Gramm Fett und rund 259 Kalorien auf 100 Gramm.

Umschiffen Sie Thunfisch in Öl, und heuern Sie ihn im eigenen Saft an. Das spart pro 150-Gramm-Dose zehn Gramm Fett und 100 Kalorien.

Snacks

Zwischen den Mahlzeiten ist feste Nahrung, beispielsweise Obst oder Rohkost, eine gute Alternative. Dabei sollte ordentlich gekaut werden, dann tritt die Sättigung schneller ein. Außerdem sind Sie – und vor allem Ihr Magen – damit länger beschäftigt als mit einem Schokoriegel.

Trockenobst (Pflaume, Aprikose, Apfel) sorgt – auch beim Training – für schnellen Zuckernachschub, und das ganz ohne Fett.

Nicht alle Knabbereien sind verwerflich: Salzstangen etwa haben kaum Fett und liefern sogar viel Eiweiß. Gegenüber gerösteten Erdnüssen sparen Sie auf 100 Gramm etwa 45 Gramm Fett, das ist mehr als die Hälfte Ihres Tagesbedarfs.

Kraftfutter für Muskelarbeiter

Eiweiß ist nicht nur dem Mythos nach Power für Ihre Muskeln. Mit der entsprechenden Auswahl Ihrer Nahrungsmittel und dem richtigen Timing können Sie Ihre Trainingserfolge maßgeblich unterstützen. Trotzdem sollten Sie nicht über das Ziel hinausschießen, denn dieser Schuss geht nach hinten los: Wird Eiweiß nicht verbrannt, landet es in den Fettdepots auf Ihren Hüften. Das eigentliche Muskelbenzin kommt außerdem aus den Kohlenhydraten. Eiweiß wird dagegen – nicht weniger wichtig – für den Aufbau, den Erhalt und die Reparatur der Muskeln benötigt. Der empfohlene Anteil von 15 Prozent Eiweiß an der Energiezufuhr sollte deshalb nicht nur von Kraft-, sondern auch von Ausdauerathleten eingehalten werden, denn bei lang anhaltenden, intensiven Belastungen verbrennt der Stoffwechsel generell mehr und greift

Zweites Kapitel / *Ernährung*

bis zu einem Anteil von 18 Prozent auch auf Proteine zurück. Kein Eiweiß gleicht dem anderen – wie viel Ihnen Ihre Muskeln wert sind, zeigt sich an der Wertigkeit des Nahrungseiweißes (siehe Tabelle Seite 26).

Für ausreichend Power im Tank sollten Sie allerdings nicht erst kurz vor dem Training sorgen: Wer eine Stunde vor dem Training eiweißreich isst, verschlechtert eher seine Energiebereitstellung. Ist der Magen im Moment des Trainings zu voll, zieht das eher Energie ab, anstatt sie freizusetzen. Damit einhergehende Leistungseinbußen vermeiden Sie, wenn Sie Ihre letzte eiweißreiche Mahlzeit etwa drei Stunden vor dem Training einnehmen. Kombinieren Sie diese mit komplexen Kohlenhydraten, dann laufen Sie keine Gefahr, auf Reserve – d.h. mit knurrendem Magen – trainieren zu müssen. Damit sind Sie vor Leistungstiefs gefeit, die Ihre Koordinations- und Konzentrationsfähigkeit beeinträchtigen und das Verletzungsrisiko steigen lassen. Folgende Nahrungskombinationen sorgen für eine quantitativ und qualitativ hochwertige Ernährung für Kraftsportler.

Vor dem Training

Futtern wie die Profis: Bevor Sie Ihre Turnschuhe schnüren, sollten Sie eine eiweißreiche Mahlzeit hinter sich haben, denn bei körperlicher Anstrengung wird die Eiweißaufnahme in den Muskeln gedrosselt. Mögliche Folge: Kommt es zu einem Eiweißmangel, verbrennen die Muskeln ihr eigenes Eiweiß und das Gewebe kann sich nach dem Training schlechter regenerieren. Ideal bei Ausdauersport sind leichte Kohlenhydratmahlzeiten, damit Ihnen nicht die Puste ausgeht. Mit den folgenden Kombinationen bauen Sie vor:

Kartoffeln
–   kombiniert mit Milchprodukten, z.B. Pellkartoffeln mit Quark, Kartoffeln mit Käse überbacken.
–   kombiniert mit Eiern, z.B. Salzkartoffeln mit Spiegelei.

Getreide
–   kombiniert mit Hülsenfrüchten, z.B. Bohnensuppe mit Reis, Hirse mit Kichererbsen, Erbsensuppe mit Vollkornbrötchen.
–   kombiniert mit Milchprodukten, z.B. Buchweizenpfannkuchen mit Dickmilch, Müsli mit Joghurt, Vollkornnudeln mit Parmesan.
–   kombiniert mit Eiern, z.B. Vollkornpfannkuchen mit Rührei.

Sprengen Sie Ihre Fettschicht! 37

Meiden Sie vor dem Training Cola, Limonade und unverdünnte Säfte: Sie verspüren kurze Zeit später noch mehr Hunger und verschwenden noch vor dem Workout Ihre Kohlenhydratreserven, weil der Zucker die Fettverbrennung hemmt!

Während des Trainings

Die Wasserflasche ist Ihr wichtigstes Utensil! **Warten Sie nicht auf den Durst – wenn er sich meldet, leiden Sie bereits unter Flüssigkeitsverlust.** Trainieren Sie weniger als 90 Minuten, so ist ein stilles Mineralwasser die bekömmlichste Wahl. Trinken Sie etwa 0,2 Liter pro Viertelstunde. Der Fitnesseffekt: mehr Ausdauer! Wenn Sie länger als 90 Minuten trainieren, müssen Sie Kohlenhydrate nachladen, weil unter Maximalbelastungen die Energie liefernden Phosphatverbindungen im Körper bald verbraucht sind. Diesmal dürfen es auch Kohlenhydrate von der schnellen Sorte sein. Sie schwören auf Traubenzucker? Jetzt zugreifen! Die gewonnene Energie steht Ihrem Körper sofort zur Verfügung.

Energieriegel und Eiweißkonzentrate während des Trainings sind schädlich. Alles, was komplizierter zu verdauen ist als Zucker, nimmt Ihnen einen Teil der Energie, die Sie in Ihre Muskeln investieren wollen. Und wenn sich trotzdem stärker der Hunger meldet? Antworten Sie mit einem Glas fettarmer Milch, einer Banane oder einem Apfel!

Nach dem Training

Bis sich der Magen wieder beruhigt hat, vergehen bis zu zwei Stunden. Gönnen Sie ihm die Ruhe, und vertreiben Sie sich die Zeit mit einer Erfrischung aus Mineralwasser und Kefir oder Buttermilch, um Kohlenhydrate, schnell verdauliche Eiweiße und Kalzium nachzuladen – diese Mixturen sorgen dafür, dass die Milchsäure in den Muskeln schnell neutralisiert wird. Anschließend steht Ihren Muskeln ein wahres Festessen zu: Die Kohlenhydratspeicher müssen wieder aufgefüllt werden, und Muskeln brauchen Aminosäuren, um die Reparatur der Muskelfasern zu unterstützen. Helfen Sie nach, z.B. durch Fischfilet mit Pellkartoffeln, Putensteak mit Vollkornreis, mageres Kalbfleisch mit Kartoffeln oder Spaghetti Frutti di Mare.

Zweites Kapitel / *Ernährung*

Kleine Tricks gegen den großen Hunger

Wer diese Tipps umsetzt, wird schnell mit einer besseren Figur belohnt. Keine Angst – Sie brauchen nicht jeden einzelnen der genannten Punkte zu beherzigen, um Erfolge zu erzielen. Bereits mit einigen kleinen Veränderungen werden Sie viel erreichen. Und Ihre überflüssigen Fettreserven schmelzen Tipp für Tipp dahin. Also nichts wie ran an den Speck.

Heißhungerattacken

Heißhunger entsteht, wenn der Blutzuckerspiegel unter den normalen Wert von 80 g Glukose pro 100 ml Blut sinkt. Die Folge sind Kopfschmerzen, Aggressivität und eine unermessliche Lust auf Süßes. Folge: Schokoladen- und Kuchenorgien, die den Blutzuckerspiegel abrupt ansteigen lassen. Das führt unweigerlich zu einem hohen Insulinausstoß, der Blutzucker sinkt weiter rapide ab, und Sie könnten erneut eine ganz Schokotorte verdrücken … Aus diesem Teufelskreis kommen Sie nur heraus, wenn Sie erstens rechtzeitig mit komplexen Kohlenhydraten vorsorgen und zweitens in solchen Situationen zu Obst greifen, das neben rasch verfügbarer Energie auch Vitamine und Mineralstoffe liefert. Auch Trockenobst sorgt für schnellen Zuckernachschub – und das ganz ohne Fett!

Schalten Sie einen Gang herunter

Es dauert ungefähr zwanzig Minuten, bis der Magen dem Gehirn meldet, dass der Hunger gestillt ist. Wenn Sie zur Gattung der Schnellesser gehören, verdrücken Sie in dieser Zeit vielleicht mehr Knödel, als Ihrem Magen lieb ist. Also zügeln Sie sich selbst, nicht Ihren Appetit – und machen Sie Pausen!

Die Buffet-Falle

Gefahr droht bei «All-you-can-eat»-Angeboten nach dem Motto: «Lieber den Magen verrenkt als dem Wirt etwas geschenkt» – aber haben Sie das eigentlich nötig?

Sprengen Sie Ihre Fettschicht!

Die Hamster-Falle

Führen Sie sich auch zu Hause nicht in Versuchung – was Sie nicht im Kühlschrank horten, können Sie auch nicht essen! Also, lieber von vornherein weniger einkaufen, damit sich Ihr Leibesumfang hinterher nicht auf abgelaufene Haltbarkeitsdaten gründet.

Keep cool, Partylöwe!

Wer hektisch von einer Party zur nächsten eilt, sammelt nicht nur Telefonnummern, sondern unter Umständen auch lästige Pfunde. Stress verführt zu hastigem Essen, Buffets laden ein zur Völlerei. Und während Sie die Blonde beobachten, merken Sie gar nicht, was in der Zwischenzeit alles in Ihrem Magen landet! Deshalb: Übersicht bewahren und Nahrung öfter mal in heimischen Gefilden aufnehmen.

Ein scharfes Dinner

Ein scharfes Dinner ist zumindest Ihrem Gaumen garantiert, wenn Sie mit Chili und Curry tafeln! Außerdem essen Sie automatisch weniger, denn scharfe Gewürze dämpfen das Hungergefühl!

SPORT: Ablenkung vom Essen

Klingt banal, stimmt aber: Die beim Sport verbrauchte Zeit steht für die Nahrungsaufnahme nicht zur Verfügung. Da auch unmittelbar vor der sportlichen Aktivität nichts gegessen werden sollte und sich nach dem Training in der Regel erst mal kein Appetit einstellt – infolge der erhöhten Körpertemperatur und des niedrigeren Insulinspiegels –, verlängert sich die «essfreie» Zeitspanne – eine gute Nachricht für alle Dauer- und Gewohnheitsnascher! Auch dem «Langeweile- und Frustesser» kann geholfen werden, denn die körperliche Aktivität lenkt vom Essen ab. Und schließlich stabilisiert ein regelmäßiges Sportprogramm Ihr Wunschgewicht selbst dann, wenn Sie an Weihnachten mal über die Stränge schlagen.

Zweites Kapitel / Ernährung

Essen Sie zwei Portionen mehr

Stopp, damit sind Obst und Gemüse gemeint, und zwar bei jeder Mahlzeit – von Pudding oder Sachertorte war hier nicht die Rede. Erstens haben die in Obst und Gemüse enthaltenen Ballaststoffe (Pektine) im Magen-Darm-Trakt eine fettbindende Wirkung, zweitens sind Sie schneller satt und drosseln automatisch die Zufuhr kalorienreicher Lebensmittel.

Achtung, grüne Welle

Grüner Tee ist nicht nur gesund, sondern auch ein geeignetes Mittel, um den Stoffwechsel und die Fettverbrennung zu beschleunigen. Verantwortlich dafür sind die in ihm enthaltenden so genannten Katechine. Diese Pflanzenwirkstoffe erhöhen die Thermogenese – die Rate, ab der Kalorien verbrannt werden – sowie den Gesamtenergieverbrauch. Außerdem heizen freigewordene Spurenelemente den Mitochondrien, den Fettbrennkammern der Zellen, richtig ein.

Mach mal Pause

Wer nebenbei futtert, verliert den Überblick und spürt seine Sättigung nicht. Besser: Planen Sie feste Essenspausen ein.

Verstecken Sie den Salzstreuer

Salz regt den Appetit an, weil es wahrscheinlich den Insulinspiegel erhöht. Außerdem fördert es den Bluthochdruck. Ein Grund mehr, zu anderer Würze zu greifen: Essig, Zitronen oder getrocknete Kräuter sind gesündere Alternativen.

Überlisten Sie Ihre Augen!

Richten Sie die Mahlzeiten auf kleinen Tellern an, und legen Sie reichlich Salat unter das Essen. So nimmt das Gehirn eine üppige Fülle wahr und gibt sich zufrieden.

Wählen Sie das Original

Entscheiden Sie sich für unbehandelte Nahrungsmittel, z.B. Kartoffeln statt des fertigen Kartoffelgratins. Holen Sie Vollkornbrot statt Laugenbrezeln. Auf diese Weise senken Sie automatisch ihre Kalorienaufnahme, ohne hungrig zu werden.

Sprengen Sie Ihre Fettschicht! 41

Bleiben Sie trocken

Alkohol stimuliert Ihren Appetit und eliminiert Ihre Willenskraft. Beschränken Sie Ihren Alkoholkonsum auf spezielle Anlässe und trinken Sie zwischendurch Mineralwasser.

Kein Match ohne Grünzeug

Beim Fußball servieren Sie statt der Chips rohes Gemüse: Möhren, Gurken, Tomaten, Paprika in Stangen oder Scheiben, dazu Dips aus Joghurt oder saurer Sahne mit frischen Kräutern, Knoblauch und Avocado. Das ist Nervennahrung pur und lässt Ihre Nerven jedes Elfmeterschießen überstehen. Dazu Ciabatta.

Setzen Sie auf eine würzige Anmache

Auch klassische Tunken können Sie entschärfen. Einfach als Saucenbasis reichlich Gemüse andünsten und anschließend pürieren. Cremig wird's mit eingekochter Magermilch statt Sahne. Salate werden leichter durch würzige «Anmache» mit wenig Öl, gestreckt mit Brühe, zerdrückten Beeren, Zitrussaft und Kräutern.

Essen Sie Obst statt Obsttorten!

Früchte sind ideale Snacks für zwischendurch – aus drei Gründen: Erstens ist man mit Äpfeln, Birnen oder Pflaumen länger beschäftigt als mit einem Stück Obstkuchen, was weder gewaschen noch geschält oder in Stücke geschnitten werden muss. Zweitens enthält Obst viel Ballaststoffe. Und drittens sind Früchte tolle Fructoselieferanten, die den Heißhunger auf Süßes nachhaltig bremsen.

Denken Sie an Ihre Strandfigur

Verschwenden Sie mitten im leckersten Festessen ein paar Gedanken an die nächste Beach-Party. Stellen Sie sich vor, wie Sie in Shorts auf einen Schwarm schöner Frauen treffen. Das mahnt unverzüglich zu mehr Disziplin, wenn Sie vor der Entscheidung stehen, bei den Pommes noch einmal zuzugreifen.

Zweites Kapitel / *Ernährung*

SMART SHOPPEN: **Wie Sie Speckschmelze frühzeitig einleiten**

Keine Frage, der Weg zum Waschbrett beginnt bereits mit dem Gang zum Supermarkt. Vor allem, wenn Sie häufig unter Zeitdruck einkaufen müssen, können Sie mit der richtigen Planung eine Menge Kalorien sparen. Generell gilt: Gehen Sie niemals hungrig einkaufen! Denn wer mit leerem Magen die Lebensmittelabteilung betritt, schlägt schnell einmal über die Stränge. Der Hunger bestimmt, was zur Kasse getragen wird. Ruckzuck tauchen Leckereien auf, die gar nicht auf dem Speiseplan stehen – Süßigkeiten zum Beispiel. Besorgen Sie die Lebensmittel möglichst nach einer Einkaufsliste. Ideal ist es, die Nahrungsmittel in der Reihenfolge zu notieren, in der sie auch später im Geschäft zu finden sind. Das minimiert den Zeitaufwand und erspart Ihnen außerdem etliche Versuchungen. Sie können so gefährliche Süßwarenzonen im Supermarkt weiträumig umfahren. Pro nicht gekaufter Tüte Chips sparen Sie etwa 60 Gramm Fett – denn die außerplanmäßig eingekauften Lebensmittel landen nicht nur im Einkaufswagen, sondern früher oder später auch in Ihrem Magen.

Planen Sie mindestens ein oder zwei Tage für jede Mahlzeit im Voraus. Wer zwischendurch «mal eben noch einmal das vergessene Brot» holen geht, bringt gleich meist noch den Schoko-Croissant mit nach Hause.

Mit den folgenden sechs Tricks können Sie sich im bereits Supermarkt die Kilos erfolgreich vom Leib halten:

Kompetenz an der Wursttheke

Verlangen Sie nur magere, naturgewachsene Sorten wie Puten- oder Hähnchenbrust, Kassler oder Schinken. Vermeiden Sie Wurstsorten, die «durch den Wolf» gedreht wurden, also Kalbsleber-, Mett- oder Teewurst, denn die enthalten besonders viel Fett. Es gilt die Faustregel: Je feiner, desto fetter.

Die Optik entscheidet

Meiden Sie Fleisch, das viel sichtbares Fett enthält. Besser sind magere Sorten, bei denen ein Fettrand lediglich für die gewünschte Würze sorgt. Der lässt sich später einfach abschneiden – der Geschmack bleibt, das Fett wandert an den Tellerrand.

Sprengen Sie Ihre Fettschicht! 43

Häppchenweise Kalorien sparen

Kaufen Sie Käse und Wurst nicht am Stück, wenn Ihre Küche nicht mit einer Schneidemaschine ausgerüstet ist. Handgeschnittene Scheiben werden selbst bei besonders feinfühligen Zeitgenossen zu dick, und das geht direkt auf die Hüften und ans Portemonnaie.

Lieben Sie Fisch?

Super, denn er enthält wertvolles Jod und Eiweiß. Es gibt auch viele fettarme Sorten: Schlanker Fang: Hecht, Barsch, Flunder, Kabeljau, Schellfisch, Scholle, Seelachs, Zander. Fette Beute: Hering, Thunfisch, Sprotten, Makrele und Lachs. Trost: Sie enthalten sehr gesunde Fette.

Genug ist genug

Milch- und Milchprodukte schmecken auch in der fettreduzierten Version. Bei 1,5% Prozent sollte Schluss sein. Studieren Sie außerdem bei Früchtejoghurt und -quark die Inhaltsstoffe genau. Häufig sind zu viel Zucker und Farbstoffe enthalten.

Schluck für Schluck abnehmen ...

... können Sie, wenn Sie überwiegend Mineralwasser oder Apfelsaftschorle trinken und auf die Limo verzichten. Leider enthält der süße Sprudel Zucker in einer unverhältnismäßig hohen Konzentration. Und da die Flüssigkeit durchrauscht, die Kalorien aber bleiben, ist es sinnvoll, auf Alternativen auszuweichen. Wer nicht auf seine Limonade verzichten kann, sollte auf zuckerfreie Erfrischungsgetränke zurückgreifen. Doch Vorsicht: Häufig wecken die «Light»-Produkte die Lust auf mehr Süßes. Optimal sind nur die beiden Klassiker Wasser oder Schorle.

Ausdauer:
Legen Sie Ihre Muskeln frei!

Drittes Kapitel / *Ausdauer*

Den Brenneffekt nutzen

Wie weit Sie Ihren Energieverbrauch in die Höhe treiben, hängt im Wesentlichen von drei Faktoren ab:

→ der gewählten Sportart,

→ der Trainingsdauer bzw. Ihrem Durchhaltevermögen und

→ der Intensität, mit der Sie sich fordern.

Ausdauertraining, das so genannte Cardiotraining, wirkt sich auf das Körpergewicht besonders günstig aus. Während des Trainings schrauben Sie die Stoffwechselrate auf das etwa Fünf- bis Zehnfache des Ruhewertes hoch. Auf Dauer bringen Sie damit auch Ihr Bauchfett zum Schmelzen: **Ausdauertraining hält Ihren Stoffwechsel grundsätzlich auf Trab, sodass Kalorienverbrauch und Fettabbau nicht nur während des Sports, sondern auch danach – unter Umständen sogar im Schlaf – «nachbrennen»!** Ihre Muskeln haben nämlich selbst nach dem Training noch mächtig zu tun, um die geplünderten Kohlenhydratdepots wieder aufzufüllen, den während der Belastung angefallenen Abfall (Milchsäure bzw. Laktat) zu entsorgen und die Abgabe der erhöhten Wärme zu regeln. Das alles fordert Energie, die aus dem Tank geliefert wird, der mit Sicherheit noch nicht leer ist – dem Fettspeicher! Ihr Energieverbrauch ist deshalb auch nach dem Training deutlich höher. Ob Sie lieber schwimmen, joggen, inlineskaten oder radeln, hängt ganz allein von Ihrem Gusto ab!

Legen Sie Ihre Muskeln frei!

In Herzensangelegenheiten

Gäbe es eine Pille, die alle positiven Effekte des Ausdauertrainings vereinigen würde – sie wäre zweifellos das meistgefragte Arzneimittel und würde die Hälfte aller Internisten arbeitslos machen! Warum? Weil Sie mit einem regelmäßigen Ausdauertraining nicht nur Ihr Fett ab-, sondern vor allem Ihr Herz auftrainieren! Auch wenn man Ihrem Herzmuskel von außen nicht ansehen kann, wie gut er trainiert ist – Respekt verdient er allemal: Von durchschnittlich 40 Millionen Wiederholungen im Jahr ohne Pause und ohne Anzeichen von Müdigkeit können Bizeps & Co. nur träumen. Mangelnde Beachtung rächt sich denn auch bitterlich: Wenn Ihr Herzmuskel ins Stottern kommt, geht es Ihrem gesamten Organismus schlecht. Also machen Sie ihn zum Sparringspartner, und fordern Sie ihn durch sportliche Anstrengungen dazu heraus, mehr Blut zu transportieren – erst dann nämlich fühlt sich Ihr Herzmuskel so richtig wohl und ist langfristig gestärkt, weil er für die gleiche Leistung weniger Schläge benötigt. Erfreuliche Nebenwirkungen: **Arbeitet Ihr Herzmuskel effektiv, funktioniert auch Ihr Stoffwechsel perfekt, Nährstoffe werden optimal verwertet, der Cholesterinspiegel wird gesenkt und das Immunsystem gestärkt.** Gleichzeitig wird die Sauerstoffaufnahme und damit die Gehirnfunktion gefördert, Stresshormone werden ab- und dafür Glücks- und Kreativitätshormone aufgebaut. Und damit steigern Sie die Regenerationsfähigkeit Ihres Körpers nach sämtlichen Belastungen – also auch nach einem Jobmarathon! Fazit: Wer sich regelmäßig bewegt, lebt mit einem um 50 Prozent verringerten Herzinfarktrisiko und viel guter Laune!

Tipp: Auch wenn Sie dieser Ratschlag nerven mag: Lassen Sie sich zuvor bei Ihrem Arzt kurz durchchecken. So erhalten Sie Aufschluss über Ihre Konstitution, Ihre Risikofaktoren und gesundheitlichen Problemzonen.

Drittes Kapitel / *Ausdauer*

	Normales Herz	Trainiertes Herz
Gewicht	je nach Körpergewicht 300 bis 500 Gramm; darüber auch bei Sportlern Gefahr der ungenügenden Blutversorgung des Herzmuskels	
Größe	entspricht der Faust des Trägers	bis zu 100 Prozent größer
vom Herz beförderte Menge Blut	6 Liter pro Minute/ 8640 Liter pro Tag	bei Höchstleistungen bis über 30 Liter pro Minute; das entspricht 43.200 Liter pro Tag
Anzahl der Herzschläge	55–75 pro Minute in Ruhe, 3,3 Milliarden in 80 Lebensjahren; maximale Schlagzahl pro Minute: ca. 220 minus Alter	30–55 pro Minute in Ruhe, 1,68 Milliarden in 80 Lebensjahren; maximale Schlagzahl wie untrainiertes Herz
maximal anzustrebende Schlagzahl beim Sport	etwa 85 Prozent von 220 minus Lebensalter; ein gesundes Herz verkraftet auch höhere Frequenzen, aber wegen der gleichzeitigen Anhäufung von Laktat (Milchsäure) im Muskel ist der Trainingseffekt für das Herz geringer	

Kraftwerk Herz: Diesel- und GTI-Version im direkten Vergleich

Die richtige Drehzahl

Sie sind bereit, im Training bis an Ihre Leistungsgrenze zu gehen? Respekt! Das heißt nämlich, dass Sie demnächst zu einer 1000-Kilometer-Wanderung ansetzen müssten – am Stück! So lange dauert es selbst bei schlanken Menschen, bis die Fettdepots im Unterhautfettgewebe leer gelaufen sind. Wieso Sie dann beim Jogging schon nach wenigen Kilometern schlapp machen? Vermutlich trainieren Sie zu hart! **Bei zu hohem Tempo hat Ihr Körper keine Chance, die vorhandenen Fette als Energielieferanten zu nutzen.** Konsequenz: Anstatt überflüssige Pfunde zu verlieren, steigt die Zahl auf der Waage womöglich noch an.

Legen Sie Ihre Muskeln frei! 49

Doch keine Panik – es gibt einen Weg aus der Fettfalle! Ihr Körper erzeugt die benötigte Energie generell aus Kohlenhydraten und Fetten. Wenn Sie intensiv trainieren, braucht Ihre Muskulatur dringend Energienachschub – sie findet ihn in dem in den Muskeln gespeicherten und schnell verfügbaren Glykogen (Speicherform der Kohlenhydrate). Bei dessen Abbau – im Fachjargon anaerobe Energiegewinnung – wird Laktat (Milchsäure) produziert, was Ihren Muskeln im Übermaß gar nicht schmeckt – sie reagieren sauer (und Sie selbst sind fertig …). Wer wenig Sport treibt, verbrennt bei intensiven Belastungen sogar fast ausschließlich Kohlenhydrate. Während Sie also bereits verzweifelt nach Luft hecheln, zeigen sich Ihre Fettpolster von der Hetzjagd durch den Park noch völlig unberührt.

Der Angriff auf die Fettreserven erfolgt effektiver, indem Sie Ihr Tempo drosseln. Dann nämlich bewegen Sie sich im Bereich der so genannten aeroben Energiegewinnung, die Ihren Muskeln genügend Sauerstoff zur Verfügung stellt, um vor allem den Fetten an den Kragen zu gehen. Das funktioniert, indem die aus Glykogen erzeugte Glukose (Traubenzucker) sowie die Fette unter Verwendung von Sauerstoff in den Kraftwerken der Muskelzellen – den so genannten Mitochondrien – in einem relativ langsamen Stoffwechselprozess vollständig zu Wasser und Kohlendioxid abgebaut werden. Allerdings läuft die Fettverbrennung langsamer ab als die Glykogenverbrennung, woraus sich die niedrigere Intensität des Ausdauertrainings zur Fettverbrennung erklärt. Ergo: Über die Trainingsintensität können Sie steuern, wie viel Energie Ihr Körper beim Ausdauertraining aus seinen Fettdepots holt!

Die Übergänge vom einen zum anderen Stoffwechselweg sind fließend. So werden z.B. beim Fettstoffwechseltraining nicht ausschließlich Fette verbrannt, sondern zu einem geringen Teil auch Glukose. In diesem Zusammenhang gut zu wissen: Alle Stoffwechselvorgänge sind trainierbar! Regelmäßiges Training bringt Ihre Fettverbrennung schnell auf Vordermann: **Je trainierter Sie sind, desto effektiver funktioniert Ihre Fettverbrennung – und zwar nicht erst nach einer halben Stunde, sondern bereits vom Antritt an!** Wenn Sie gut ausdauertrainiert sind, kriegen Sie also auch bei etwas höherer (und kürzerer) Intensität Ihr Fett weg – mit der erfreulichen Folge, dass Sie Ihre Kohlenhydratspeicher weniger schnell entleeren. Entscheidender Vorteil für Profis: Sie haben so für eine längere Dauer oder aber bei Zwischen- und Endspurts noch schnell verfügbare Energiereserven parat. Sind die Kohlenhydratspeicher dagegen völlig erschöpft, kommt es zur Unterzu-

Drittes Kapitel / *Ausdauer*

ckerung. Ihr Heldenmut in allen Ehren – aber diesen Erschöpfungszustand sollten Sie auf jeden Fall meiden!

ENTSCHEIDEND:
Die Herzfrequenz

Damit Ihr Ausdauertraining zum Fatburner wird, ist es entscheidend, seine Intensität unter Kontrolle zu behalten. Die Herzfrequenz gibt die Anzahl der Herzschläge pro Minute an. Wenn Sie Ihr Lauftempo verschärfen, wird Ihre Atmung schneller, und die Herzfrequenz steigt an – damit ist sie ein idealer Ansatzpunkt, um Ihre Belastungsintensität ohne großen Aufwand jederzeit zu kontrollieren. Die Messung der Herzfrequenz sollte auf jeden Fall zu Ihrem Trainingsrepertoire gehören – zumindest dann, wenn Sie sichergehen wollen, dass Sie unerwünschte Rettungsringe beim Training auch tatsächlich abwerfen! Wer ohne Herzfrequenzmessung arbeitet, muss seine Fortschritte in Form von Bestzeiten feststellen und sich dafür bis an die Leistungsgrenze hin verausgaben – aber die Geschichte kennen Sie ja …

So messen Sie Ihre Herzfrequenz

Während die so genannte Laktatmessung bereits Profi-Equipment erfordert, können Sie die Herzfrequenzmessung ohne größeren Aufwand in Ihr Training integrieren.

Die einfachste Methode ist die Pulsmessung an Handgelenk oder Halsschlagader: Legen Sie Hand an, und ertasten Sie mit dem Zeige- oder Mittelfinger den Puls. Zählen Sie über einen Zeitraum von 15 Sekunden die ertasteten Schläge und multiplizieren Sie den Wert mit vier – das senkt die Fehlerwahrscheinlichkeit. Im Eifer des sportlichen Gefechts ist eine annähernd genaue Messung oft trotzdem nicht möglich. Da Sie Ihre Trainingseinheit für diese Art der Pulsmessung auf jeden Fall unterbrechen müssen, erhalten Sie nicht den tatsächlichen Belastungspuls, sondern nur den Puls direkt nach der Belastung. Macht nichts, denken Sie? Stimmt, zumindest am Anfang. Für Beginner reicht die Messgenauigkeit sicher aus. Profis allerdings werden sich damit kaum zufrieden geben, denn selbst bei unmittelbarer Nachbelastungsmessung liegt der Wert um bis zu zehn Schläge pro Minute niedriger als der tatsächliche Belastungspuls!

Also muss Technik her – mit Hilfe von tragbaren Herzfrequenzmessgerä-

Legen Sie Ihre Muskeln frei!

ten kann auch während der sportlichen Belastung gemessen werden. Einige Fitnessgeräte und die meisten Hometrainer arbeiten z.B. mit Fotozellen, die an Ohr oder Finger angebracht werden und minimale Erschütterungen im Takt des Pulsschlags registrieren. Leider sind diese nicht immer genau und anfällig für verschiedene Störquellen wie etwa einen ungenauen Sitz, Schweiß oder wechselnde Lichtverhältnisse. Favoriten sind deshalb Herzfrequenzmessgeräte, bei denen Elektroden in einem Brustgurt EKG-genau die Herzfrequenz messen und diese Daten an einen Empfänger weitersenden, der wie eine Uhr an einem Handgelenk oder Fahrradlenker befestigt werden kann. Das System funktioniert übrigens auch im Schwimmbecken. Die Bandbreite der Geräte reicht vom einfachen Empfänger, der nur den Puls anzeigt, bis zum Trainingscomputer im Miniformat mit Alarmfunktion, Stoppuhr, Speicher und Anschlussmöglichkeit an einen PC. Welches Trainingstempo für Sie persönlich ideal ist, verrät Ihnen die Herzfrequenzmessung auf diese Weise besser als jeder Trainer!

Drittes Kapitel / *Ausdauer*

Den Fettabbau im Blick behalten!

Was bringt ein Herzfrequenzmessgerät? In aller Regel einen heilsamen Schock, denn beinahe jeder, der sich zum ersten Mal einen solchen Pulszähler umschnallt, ist über die hohen Werte erstaunt! Fast immer liegen sie über den für das Gesundheitstraining empfohlenen 70 Prozent der maximalen Herzfrequenz – ein Zeichen dafür, dass Sie zu intensiv trainieren! Mit Hilfe eines Herzfrequenzmessgeräts erfahren Sie, wie Ihr Herz-Kreislauf-System auf individuelle Leistungsschwankungen oder Stress reagiert, wie sich unterschiedliche Witterungseinflüsse oder Mahlzeiten auf Ihre Leistungsfähigkeit auswirken. Die genaueste Messuhr dieser Art kommt zurzeit von der Firma Polar: Sie berechnet auf der Basis der Herzfrequenz auch gleich den individuellen Kalorienverbrauch – für alle, die es ganz genau wissen wollen!

Allround-Check

Die folgenden Werte der Herzfrequenz sind nicht nur für Ihr Training von entscheidender Bedeutung – die Herzfrequenz ist außerdem ein ausgezeichneter Indikator für eine generelle Veränderung der Leistungsfähigkeit Ihres Körpers.

Ruheherzfrequenz

Die Ruheherzfrequenz (RHF) wird nach einer zehnminütigen Ruhepause im Liegen oder morgens fünf Minuten nach dem Aufwachen bestimmt. Sie ist vor allem abhängig von Ihren nächtlichen Aktivitäten: Unruhiger Schlaf allein oder zu zweit, eine späte Mahlzeit oder eine ausgelassene Party am Vortag können ihn vorübergehend nach oben treiben. Alles negativ? Dann sollte die RHF in einer Spanne zwischen 100 (untrainiert) und unter 40 Schlägen pro Minute (Leistungssportler) liegen. **Regelmäßig gemessen, dokumentiert die Ruheherzfrequenz Ihre Trainingsfortschritte: Bereits nach wenigen Wochen Training ist Ihr Herz kräftiger geworden und benötigt weniger Schläge, um das Blut in Wallung zu halten!**

Selbst Ihren Gesundheitszustand können Sie mit regelmäßigen Messungen checken. Weil der Puls so sensibel reagiert, eignet er sich auch als Frühwarnsystem, z.B. für Infekte. Ist Ihre morgendliche RHF um mehr als acht Schläge erhöht, sollten Sie sich und Ihrem Bauch eine Pause gönnen – das erspart mitunter lästige Fiebertage!

Legen Sie Ihre Muskeln frei!

Erholungsherzfrequenz

Die Erholungsherzfrequenz (EHF) messen Sie zwei Minuten nach Belastungsende. Sie ist ein feiner Gradmesser Ihrer Regenerationsfähigkeit: **Je besser Ihre Leistungsfähigkeit, desto schneller erholt sich das Herz-Kreislauf-System nach der Belastung!** Überanstrengung durch die Trainingsbelastung äußert sich dementsprechend in einer verlangsamten Rückkehr der Herzfrequenz auf die Ruhewerte. Zur Orientierung: Nach drei Minuten Erholung sollte Ihre EHF unter 110 liegen, die weitere Abnahme der Herzfrequenz bis zum Erreichen des Ausgangs- oder Ruhewertes kann Stunden dauern.

Laktatmessung: Das Wichtigste zum Mitreden!

Laktat bzw. Milchsäure entsteht als Nebenprodukt der Energiegewinnung bei intensiven Belastungen: Wenn Sie sich wirklich alles abverlangen, kann das Laktat in der Muskelzelle nicht mehr abgebaut und auch nicht mehr über die Blutbahn zu anderen Orten des Abbaus (andere Muskelzellen, Leber, Herz) transportiert werden – mit der Folge, dass die Laktatkonzentration im Blut steil ansteigt. Wenn vermehrt Laktat gebildet wird, ist das immer ein Anzeichen dafür, dass die beanspruchte Muskulatur nicht hinreichend Sauerstoff zur Energiefreisetzung nutzen kann und stattdessen Glukose abgebaut wird. Im Ruhezustand liegt die Laktatkonzentration im Blut bei einem bis zwei mmol/l. Allgemein wird eine Trainingsbelastung, die die Laktatkonzentration von zwei mmol/l nicht übersteigt, als aerob bezeichnet. Liegen die Werte zwischen zwei und vier mmol/l, befindet man sich im aerob-anaeroben Grenzbereich, ab einer Laktatkonzentration von über vier mmol/l beginnt der anaerobe Bereich.

Die Bestimmung des Blutlaktats besitzt vor allem im Leistungssport eine große Bedeutung. In der breitensportlichen Praxis gestaltet sich die Orientierung an diesen Werten hingegen außerordentlich schwierig – schließlich führt nicht jede Joggingstrecke zum nächsten Olympiastützpunkt!

Drittes Kapitel / *Ausdauer*

Der kluge Run auf das Fett

Kein Feldzug ohne Strategie – im Kampf gegen die Fettzellen richten Sie diese an Ihrer maximalen Herzfrequenz (MHF) bzw. Ihrem Maximalpuls aus. Sie ist abhängig von Alter, Trainingszustand sowie von der Sportart, in der Sie trainieren. Der Wert scheint genetisch festzuliegen – Sie können ihn auch durch Training nicht nennenswert verändern. Aus statistischen Mittelwerten wurde die Faustformel 220 minus Lebensalter abgeleitet. Sie stimmt etwa in ²/₃ aller Fälle und ist damit eine gute Orientierungshilfe, die aber nicht völlig mit Ihrem persönlichen Maximalwert übereinstimmen muss.

Je mehr Muskeln Sie einsetzen, desto näher kommen Sie Ihrer maximalen Herzfrequenz. Deshalb liegt die MHF beim Radfahren um acht bis zehn, beim Schwimmen sogar um bis zu 13 Schläge niedriger als beim Laufen.

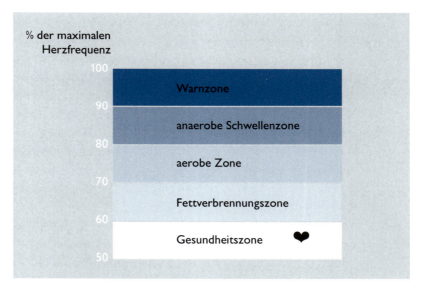

Zielzonen für die Trainingsherzfrequenz

Die Trainingsbereiche

Abhängig von Ihrem aktuellen Trainingsstand, können Sie anhand der folgenden Werte den für Sie persönlich idealen Trainingsbereich, die passende Trainingsherzfrequenz (THF), bestimmen.

Gesundheitszone

Die Gesundheitszone ist der Bereich zwischen 50 und 60 Prozent Ihrer maximalen Herzfrequenz (MHF). Sie ist einer der wichtigsten Trainingsbereiche und für Einsteiger der ideale Ausgangspunkt für die weitere Leistungsentwicklung. Von hier aus können Sie beruhigt den Angriff auf Ihre Fettreserven starten, denn es besteht keine Gefahr, das Herz-Kreislauf-System zu überfordern. Wichtig ist aber, dass Sie die Belastung als leicht empfinden und etwa 40 Minuten durchhalten.

Fettverbrennungszone

Hier dürfen Sie tiefstapeln: **Die Belastungsintensität darf zunächst 70 Prozent der maximalen Herzfrequenz (MHF) nicht überschreiten, wenn die Energie überwiegend über die Fettverbrennung gewonnen werden soll.** Je höher die Belastungsintensität, desto mehr verschiebt sich der Anteil der Energiebereitstellung vom Fettstoffwechsel in Richtung des aeroben Kohlenhydratstoffwechsels. In jedem Fall sollten Sie sich noch locker über Ihren letzten Partyflirt austauschen können. Erfreulicher Nebeneffekt: Je häufiger Sie in dieser Zone trainieren, umso besser lernt Ihr Körper, Fett in größeren Mengen rasch zu verbrennen! Der Belastungsgrad ist zudem so gehalten, dass Sie sich danach nicht erschöpft, sondern eher entspannt fühlen. Wenn Sie regelmäßig – idealerweise dreimal pro Woche jeweils mindestens 30 Minuten lang – moderat trainieren und den erhöhten Energiebedarf nicht mit Butterstullen und Sahneschnitten decken, vernichten Sie die Fettschicht über Ihren Bauchmuskeln in kürzester Zeit.

Drittes Kapitel / *Ausdauer*

So errechnen Sie Ihre ideale Trainingsherzfrequenz!

Beispiel: Sie sind 30 Jahre alt und wollen in der Fettverbrennungszone zwischen 60 und 70 Prozent Ihrer maximalen Herzfrequenz trainieren? Errechnen Sie zunächst Ihre maximale Herzfrequenz (MHF), indem Sie von 220 Ihr Lebensalter abziehen!
220 - 30 = 190 = Maximale Herzfrequenz (MHF)

Errechnen Sie nun Ihre ideale Trainingsherzfrequenz, indem Sie die MHF mit 0,6 (untere Grenze) bzw. 0,7 (obere Grenze) multiplizieren!
190 x 0,6 = 114 untere Grenze der idealen Trainingsherzfrequenz
190 x 0,7 = 133 obere Grenze der idealen Trainingsherzfrequenz

---

Aerobe Zone

Dieser Trainingsbereich eignet sich für diejenigen, die ihren Ballast eigentlich bereits abgeworfen haben und ihre Leistungsfähigkeit nun weiter ausbauen wollen. In diesem Bereich zwischen 70 und 80 Prozent der maximalen Herzfrequenz (MHF) werden relativ mehr Kohlenhydrate als Fett verbrannt, dafür eignet sich dieses Training ideal, um sowohl das Herz als auch das Atmungssystem auf Vordermann zu bringen. Als Dank für Ihre Mühen verbessert sich in der Folge die Sauerstoffversorgung der Muskulatur, und Ihre Kondition trägt Sie ohne große Anstrengung und in kürzerer Zeit weit über die gewohnte Laufrunde hinaus. Achtung: Trainieren Sie anfangs nicht häufiger als dreimal pro Woche und nicht länger als 60 Minuten in diesem Bereich.

Anaerobe Schwellenzone

Hier wird es bereits ungemütlich: Im Bereich von 80 bis 90 Prozent der MHF sollten Sie sich nicht länger als wenige Minuten bewegen, denn das bringt Ihren Stoffwechsel dazu, hohe Laktatwerte und damit Schmerzen zu tolerieren, um die hohe Belastung länger durchzuhalten. Vielleicht liegt ja hier der Grund, warum Sie schon dreimal frustriert die Laufschuhe an den Nagel gehängt haben?!

Legen Sie Ihre Muskeln frei!

Warnzone

Ihr Kopf wird rot, Sie ringen nach Luft … Vorsicht: Diese Zone ist ein Minenfeld für Ihre Gesundheit! Treiben Sie Ihren Puls beim Training über 90 Prozent der MHF, so verbrauchen Ihre Muskeln mehr Sauerstoff, als Ihr Körper zur Verfügung stellen kann – Ihr Blut übersäuert.

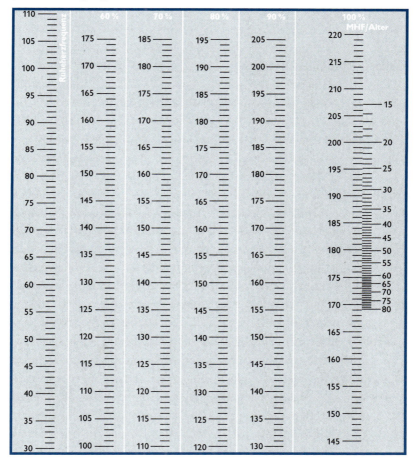

Trainingsherzfrequenz-Rechentabelle: Mit dieser Tabelle haben Sie Ihre optimale Herzfrequenz für jeden Trainingsbereich sofort im Blick. Genauigkeitsbonus: Ihre Ruheherzfrequenz als Fitness-Gradmesser entscheidet mit über die Höhe der Trainingsintensität! Markieren Sie Ihre Ruheherzfrequenz auf der linken Achse, und verbinden Sie diesen Punkt mit Ihrem Alter auf der gegenüberliegenden Seite.

Fatburner-Sportarten im Überblick

Sie haben die Wahl: Viele Sportarten eignen sich hervorragend für ein Ausdauertraining zum Fettabbau. Suchen Sie sich Ihre Lieblingssportart heraus oder – noch besser: Kombinieren Sie!

Jogging oder Walking

Jogging verbraucht pro Stunde 600–700, bergauf sogar 1000 Kalorien pro Stunde. Intensität: Auch nach mehreren Kilometern sollte Ihnen das Sprechen nicht schwer fallen. Vorteil: Laufen können Sie eigentlich an jedem Ort der Welt – alles, was Sie brauchen, ist ein gutes Paar Laufschuhe! Ziel: Steigern Sie die Jogging-Dauer bei gleich bleibend moderatem Tempo. Übrigens, Gehpausen sind keine Niederlage!

Für stärker Übergewichtige ist Jogging allerdings nicht empfehlenswert, weil die Gelenke zu stark belastet werden. In diesem Fall steigen Sie besser mit Walking ein. Hier verbrennen Sie bei einer Durchschnittsgeschwindigkeit von fünf Kilometern pro Stunde zwar etwas weniger Kalorien – etwa 250 –, dafür können aber gerade Anfänger die Belastungsintensität besser dosieren.

Radfahren oder Spinning

Beim Radfahren verbrauchen Sie etwa 500–1000 Kalorien pro Stunde – ein optimales Fettstoffwechseltraining, gerade wenn Sie einiges an überflüssigen Pfunden mit sich herumtragen! Diese ruhen hier vornehmlich auf dem Sattel und fallen so Ihren Kniegelenken nicht zur Last. Die Parameter für die Fettverbrennung beim Radfahren sind die Tritt- und Herzfrequenz.

Als Alternative für Wetterfühlige eignet sich Spinning, das Indoor-Radfahren auf feststehenden Rädern: Tempo und Tretrhythmus variieren durch verstellbare Widerstände und Sitzpositionsänderung. Außerhalb der Sprintphasen sollten Sie auf einen idealen Fettverbrennungspuls achten. Ziel: Durchhalten und dreimal pro Woche trainieren.

Legen Sie Ihre Muskeln frei!

Schwimmen

Bei einem stündlichen Kalorienverbrauch zwischen 500 und 800 Kalorien gilt das Schwimmen als eine der besten Sportarten zum Fettabbau überhaupt. Schon wenn Sie ins Becken steigen, wird Ihr Energiestoffwechsel angekurbelt, um die Körpertemperatur aufrechtzuerhalten. Intensität: stark technikabhängig, ein hoher Puls wird schnell erreicht – wählen Sie also lieber ein moderates Tempo. Schwimmen Sie einfach so, wie es Ihnen liegt, auch Stilwechsel sind erlaubt! Generell gilt jedoch für das Ausdauertraining: Delphin ist ungeeignet, da zu kraftaufwendig, Kraulen ist stark technikabhängig, Brustschwimmen erzeugt einen relativ hohen Wasserwiderstand, und Rückenschwimmen ist ideal. Ziel: dreimal pro Woche trainieren. Bonus: Schwimmen ist gelenkschonend, daher auch für Übergewichtige besonders empfehlenswert.

Inlineskating

700 Kalorien pro Stunde – auch wenn es um Ihre Kondition nicht top bestellt ist, können Sie bereits als Einsteiger bequem längere Strecken zurücklegen. Intensität: variabel durch Tempo und Streckenprofil. Achten Sie auf einen idealen Fettverbrennungspuls, skaten Sie nicht zu langsam. Inlineskating ist gelenkschonender als Jogging und daher gerade mit ein paar Pfunden zu viel ein idealer Einstiegssport, der Spaß macht. Übertreiben Sie es aber nicht, es können Rückenbeschwerden auftreten! Vor und nach dem Skaten sollten Sie ohne Skates ein leichtes Stretching durchführen. Ziel: dreimal pro Woche trainieren. Wer die Technik beherrscht, kann anstelle des Strecken-Skatens auch interessante Skating-Spiele wie z.B. Hockey einbauen. Achtung: Um unfreiwillige Trainingsunterbrechungen zu vermeiden, sollten Sie nur mit Helm, Handgelenks-, Ellenbogen- und Knieschonern auf die Rollen gehen!

Rudern

Effektives Ausdauertraining und Muskelaufbau in einem. Man verbrennt jede Menge Kalorien (etwa 500 pro Stunde), schult die Koordination und schont darüber hinaus die Gelenke. Bei dieser intensiven Form des Ausdauertrainings wird praktisch die gesamte Muskulatur gefordert. Vorteil: Hier bekommen auch die Muskeln des Oberkörpers ihr Fett weg – vorausgesetzt, die

Drittes Kapitel / *Ausdauer*

Technik stimmt. Selbst Ihre Bauchmuskeln müssen arbeiten! Vorsicht: Am Ende des Ruderschlags sollten Knie und Ellenbogen nie ganz gestreckt sein. Das gilt auch für den «Lonely Rower» im Studio!

Seilspringen – der Warm-up-Klassiker

Nichts für kleine Mädchen – hier wird Ihre Ausdauer auf die Probe gestellt ... und ganz nebenbei werden männliche Qualitäten wie Koordination, Beweglichkeit und Sprungkraft gefördert. Auch wenn Sie sich zuletzt in Ihren Kindertagen in dieser Disziplin versucht haben – jeweils fünf Minuten zum Warm-up und Cool-down innerhalb Ihres Bauch-Workouts sollten zu schaffen sein! Rekordverdächtig: In zehn Minuten Seiltraining verbrauchen Sie genauso viele Kalorien wie in 30 Minuten Jogging! Wichtig: Achten Sie auf den Puls, da dieser schon bei geringer Temposteigerung nach oben schnellt. Achtung: Seilspringen ist ungeeignet für Übergewichtige, da hohe Gelenkbelastungen auftreten.

Seilspringen für Einsteiger: Schultern entspannen, Körper gerade halten. Stoßen Sie sich mit den Fußballen ab, und federn Sie den Sprung mit ihnen auch wieder ab, die Fersen berühren immer nur kurz den Boden. Wichtig: Heben Sie beim Sprung so wenig wie möglich vom Boden ab! Sportliches Seilspringen: Treten Sie auf die Mitte des Seils, halten Sie die Griffe auf Achselhöhe, und beginnen Sie, das Seil zu schlagen und zu springen. Springen Sie nur so hoch, dass das Seil unter den Füßen durchgleiten kann. Jetzt bloß nicht schlapp machen – 60 Sprünge pro Minute sind das Minimum. Machen Sie zwischen den Durchgängen mit einigen Lockerungsübungen maximal zwei Minuten Pause! Variieren Sie weiter: Neben dem Doppelsprung und dem Joggingschritt gibt es auch den Slalomschritt: Springen Sie beidbeinig abwechselnd von links nach rechts – Abstand 30 Zentimeter. Seilspringen im Laufen: Springen Sie mit einem Bein nach dem anderen durch das Seil. Um die Koordination zu trainieren, beginnen Sie ohne Pause immer wieder mit dem anderen Bein. Seilspringen über Kreuz: ein paar normale Sprünge, dann mit gekreuzten Armen weiterspringen!

Legen Sie Ihre Muskeln frei!

Cross-Training – Querfeldein für Studioathleten

Hier gilt es, einen Parcours von Hindernissen zu überwinden – ob Sie zuerst das Rodeo auf dem Drahtesel wagen, dann den Ozean im Ruderboot überqueren und schließlich mit letzter Kraft durch die Wüste Arizonas traben oder umgekehrt, spielt keine Rolle. Ihrer Phantasie sind keine Grenzen gesetzt. **Der Studio-Triathlon mit dem Wechsel der Belastungsform lässt Ironman-Feeling aufkommen und hat den Vorteil, dass die großen Muskelgruppen des Körpers in unterschiedlicher Weise angesprochen werden** – Sie laufen also keine Gefahr, bestimmte Muskeln oder Gelenke übermäßig stark zu belasten oder ein muskuläres Ungleichgewicht hervorzurufen. Kombinieren Sie Laufband, Rudergerät, Fahrrad, Stepper und Schwimmbahnen in Einheiten von jeweils zehn Minuten. Wie viele Runden Sie auf diese Weise drehen, bleibt Ihnen überlassen, Sie sollten aber mindestens auf 30 Minuten Ausdauertraining kommen. Bonus: Eine Einheit Yoga in der Woche erhält die Beweglichkeit und sorgt für die mentale Entspannung!

Dem Bauchfett Feuer machen

Gehören Sie zu den beneidenswerten Männern, die nicht mit den letzten Kilos, sondern eher mit dem letzten Gramm am Bauch kämpfen? Dann motivieren Sie sich durch neue Herausforderungen und bringen Sie Abwechslung in Ihr Training!

Intervallmethode

Wählen Sie Intervallbelastungen: Kurze explosive Perioden in Form von Bergsprints und Fahrtspielen wechseln mit längeren Einheiten der aktiven Erholung. Damit gewinnen Sie nicht nur Schnelligkeit und Ausdauer, sondern auch die Fähigkeit, sich rasch zu regenerieren. Wichtig: Alle Variationen der Intervallmethode bauen auf Ihrem Fatburner-Training und damit auf längeren Trainingseinheiten in einem niedrigen bis mittleren Herzfrequenzbereich von 50–70 Prozent Ihrer maximalen Herzfrequenz auf. Ziel ist es, Ihre Herzfrequenz auf eine Achterbahn zu schicken – deshalb ist es besonders wichtig, die Intensität anhand der Herzfrequenz zu überwachen!

Drittes Kapitel / *Ausdauer*

Wenn Sie Ihr Training intensivieren und Ihre Drehzahl steigern, trainieren Sie mit einer höheren Herzfrequenz. Die Folge: Bei einem intensiven Ausdauertraining werden mehr Kohlenhydrate als Fette verbraucht. Dabei ist die verbrauchte Energiemenge pro Zeiteinheit jedoch wesentlich höher. **Ein entscheidender Vorteil der Intervallmethode besteht darin, dass Ihr Körper nach dem Training extrem «nachbrennt» und seine Fettreserven dadurch noch stärker angreift!**

Als Anfänger starten Sie mit zwei Intervallen von jeweils dreißig Sekunden. Für Profis sind Intervalle von 60–90 Sekunden zu empfehlen – in der Regel können Sie Ihr maximales Tempo über 1,5 Minuten halten. Bei Bergläufen beginnen Sie mit Intervallen von einer Minute, die Sie später auf bis zu drei Minuten steigern sollten. Nach jedem Intervall reduzieren Sie die Geschwindigkeit für mindestens die doppelte Dauer des vorangegangenen Intervalls – Ihr Atemrhythmus sollte sich in dieser Zeit wieder weitestgehend beruhigt haben. Ideal ist es, auch hier die Herzfrequenz im Auge zu behalten. Über die Steilheit des Herzfrequenzabfalls können Sie die Pausenlänge noch genauer steuern – z.B. beginnt die erneute Belastungsprobe erst, wenn die Erholungsherzfrequenz (EHF) 120 Schläge pro Minute erreicht hat – das kann zwei bis fünf Minuten dauern! Aber auch bei unveränderter Pausenlänge informiert Sie die EHF über den ermüdenden Einfluss des Trainings auf Ihr Herz-Kreislauf-System. Achtung: Kommt es von Intervall zu Intervall zu einem verzögerten Rückgang der Herzfrequenzerholungswerte, so ist entweder die Erholungszeit zu kurz oder die Belastungsintensität zu hoch.

Fahrtspielmethode

Ebenfalls zur Erhöhung des Härtefaktors Ihres Trainings und damit auch Ihres Energieverbrauchs geeignet ist die Fahrtspielmethode: Wechseln Sie die Geschwindigkeit nach subjektivem Empfinden und an das Streckenprofil angepasst. Besonders motivierend ist diese Methode im Partnertraining: Im Wechsel können Sie sich immer neuen Herausforderungen stellen – und holen in kürzester Zeit noch mehr aus sich heraus!

Legen Sie Ihre Muskeln frei!

So steigen Sie in das Ausdauertraining ein

Versuchen Sie, feste Trainingstage einzurichten, um ein regelmäßiges Programm zu absolvieren!

Einmal pro Woche

Je nach Ausgangsniveau hat ein einmaliges Training pro Woche nur geringe oder sehr geringe Effekte auf den Fettab- und den Muskelaufbau. Je länger Sie keinen Sport betrieben haben, desto größer sind zunächst selbst bei diesem geringen Aufwand die Erfolge. Lassen Sie sich davon aber auf lange Sicht nicht täuschen!

Zwei- bis fünfmal pro Woche

Bei Kombination von Ausdauer- und Krafttraining ergeben sich gute bis sehr gute Effekte!

Sechsmal und öfter pro Woche

Der Olympiakader naht! Sie erreichen maximale Effekte für den Fettabbau, riskieren aber auch Überbelastungen.

Wichtig: Die Steigerung der Belastung sollte zuerst über die Beanspruchungsdauer erfolgen – 30–40 Minuten Ausdauertraining sollten problemlos zu meistern sein. Mit zunehmender Leistungsverbesserung kann dann auch die Belastungsintensität (Wattzahl, Geschwindigkeit) langsam erhöht werden!

Kraft:
Mehr Muskeln bitte!

Viertes Kapitel / *Kraft*

Muskeln aufbauen, Fett verlieren

Krafttraining stimuliert den Aufbaustoffwechsel. Besonders bei kontrollierter Kalorienzufuhr bildet dieser das neue Gewebe – Ihre Fettzellen beißen auf Granit. Doch damit nicht genug: **Je mehr Muskelmasse Sie haben, desto höher wird Ihr Grundumsatz, und Ihre permanente Stoffwechselleistung steigt.** Immerhin schrauben Sie je nach Trainingsmethode und -intensität Ihren Stoffwechselumsatz auf das Drei- bis Sechsfache des Ruhewertes hoch! Auch zwei Stunden nach einem Krafttraining liegt die Stoffwechselleistung somit noch bei gut zwölf Prozent, nach 15 Stunden immer noch bei sieben Prozent über normal. Denn die Muskulatur braucht Energie, und zwar nicht nur während der körperlichen Arbeit, sondern auch im Schlaf: Jedes zusätzliche Kilo Muskulatur verbraucht pro Tag etwa 200 Kalorien – das sind pro Woche bereits 14 000 Kalorien!

Auch beim Ausdauertraining helfen Ihnen die antrainierten Muskeln, die Fettverbrennung zu steigern. Studien belegen, dass etwa beim Jogging der Kalorienverbrauch umso höher ist, je mehr Muskelmasse ein Läufer mit auf die Strecke bringt. Ergo: Wer durch Krafttraining für mehr Muskeleinheiten sorgt bzw. sich Sportarten aussucht, bei denen von vornherein viele Muskeln beansprucht werden, profitiert in jeder Hinsicht davon, denn die Muskeln sind die Fettverbrennungsmaschinen des Körpers – je größer diese sind, desto effektiver verfeuern Sie das Fett! Wissenschaftliche Untersuchungen konnten bei einem regelmäßigen Krafttraining eine deutliche Verringerung des Körperfettanteils feststellen. Je höher der Körperfettanteil zu Beginn des Trainings, desto größer die Reduktionseffekte. Damit ist nachgewiesen, dass der Muskelaufbau mit einem Fettabbau einhergeht.

Doch der Abbau von Körperfett ist nur die eine Seite. Galt Krafttraining noch bis vor wenigen Jahren in der Sportmedizin als nur wenig förderlich für die Stärkung des Herz-Kreislauf-Systems, so sind die positiven Auswirkungen einer gut trainierten Muskulatur, z.B. durch den Nachweis von günstigen Veränderungen des Blutfettspiegels durch Krafttraining, mittlerweile weitestgehend anerkannt. Dabei wird in der Regel der gesundheitlich positive HDL-Cholesterinanteil erhöht und der negative LDL-Cholesterinanteil verringert. Dies trifft besonders auf die Krafttrainingsmethoden zu, die Ihre lokale Muskelausdauer verbessern – also vor allem auf umfangsbetonte Krafttrainingsformen, bei denen hohe Wiederholungszahlen gewählt werden.

Mehr Muskeln bitte!

Fazit: **Schalten Sie den Fettverbrennungsturbo ein, wenn Sie dem Bauchfett langfristig zu Leibe rücken wollen – indem Sie Ausdauer- und Krafttraining kombinieren!** Ein Muskelaufbautraining für den ganzen Körper sichert Ihnen außerdem den kernigen Auftritt – es wäre doch schade, wenn Sie Ihre brillanten Bauchmuskeln aufgrund einer schwachen Rückenmuskulatur nicht angemessen präsentieren könnten! Außerdem hat die (Rück-)Gewinnung aktiver Muskelmasse, deren Anteil mit jeder Gewichtsreduktion nach unten sackt, enorme Bedeutung – schließlich geht es mit ihr schon ab dem vierten Lebensjahrzehnt langsam wieder bergab, wenn Sie nicht aktiv gegensteuern.

Also: Mehr Muskelmasse bitte! Und keine Sorge: Bis zum Posing-Wettbewerb ist es auch dann noch ein weiter Weg!

Smarter Start für harte Muskeln

Ein gründliches Warm-up vor dem Workout ist ein Muss. Neben einer fehlerhaften Technik ist vor allem ungenügendes Aufwärmen die Hauptursache für Verletzungen beim Training. Doch auch für das abschließende Cooldown sollten Sie noch Zeit einplanen – denn wer will schon mit hochrotem Kopf das Feld verlassen?!

Warm-up

Das Warm-up stimmt Ihre Muskeln auf die folgende Belastung ein und beugt Verletzungen vor. Es verstärkt die Muskeldurchblutung, verbessert die Sauerstoffversorgung und den Stoffwechsel durch eine Erhöhung der Körperkerntemperatur. Dadurch werden die Leistungsfähigkeit und die Elastizität der Muskulatur erhöht sowie die Koordination verbessert. Eine längere Aufwärmphase von ungefähr fünfzehn Minuten regt außerdem die Produktion der Gelenkschmiere, der so genannten Synova, an und verringert dadurch Reibung an den Gelenkflächen. Besonders beim Krafttraining sind die optimale Vorbereitung und die damit verbundene Zunahme der Dicke des Gelenkknorpels von entscheidender Bedeutung, denn dadurch können Druckbelastungen auf größere Auflageflächen verteilt und Belastungsspitzen im

Viertes Kapitel / *Kraft*

Gelenkbereich besser verkraftet werden. Im Krafttraining sollte die Warm-up-Phase immer aus zwei Teilen bestehen: aus einer leichten Ausdauerbelastung für das Herz-Kreislauf-System und einem speziellen Aufwärmsatz von mindestens zwanzig Wiederholungen vor jeder Übung für die zu trainierenden Muskelgruppen. Nur so starten Sie smart und vermeiden den Fehler, den selbst erfahrene Studioathleten häufig begehen, wenn sie sich nach einem kurzen Sprint am Fahrradergometer zunächst ausgiebig dem Oberkörper widmen – und damit genau die Strukturen beanspruchen, die vorab nicht auf die Belastung vorbereitet wurden!

Cool-down

Ebenso wichtig wie die optimale Startvorbereitung ist das abschließende Cool-down: Gehen Sie nach dem Workout noch einmal auf das Ergometer, oder laufen Sie eine Viertelstunde, damit die zuvor beanspruchte Muskulatur noch einmal gut durchblutet und die im Verlauf des Trainings angefallenen Stoffwechselprodukte schneller beseitigt werden. Positiver Nebeneffekt: Ihre Regenerationszeit verkürzt sich, und Sie können schneller mit dem nächsten Warm-up beginnen!

So steigen Sie in das Krafttraining ein

Im ersten Monat trainieren Sie mit geringem Gewicht, sodass zwölf bis fünfzehn Wiederholungen möglich sind. Konzentrieren Sie sich bei den Übungen vor allem auf die korrekte Bewegungsausführung. Entwickeln Sie ein Gefühl für Ihr Training – Sie sollen die trainierte Muskulatur bewusst erspüren. Schwere Gewichte, die Sie gerade vier- bis sechsmal bewegen können, würden lediglich zu Überbelastungen führen. Allgemein gilt:

➜ Je intensiver und konzentrierter jeder Satz trainiert wird, desto weniger Sätze müssen insgesamt ausgeführt werden.

➜ Je größer und komplexer die trainierte Muskelgruppe ist, desto mehr Sätze verträgt sie.

➜ Eine korrekte Bewegungsausführung sollte unabhängig von der Anzahl der Wiederholungen jederzeit gewährleistet sein.

Orientieren Sie sich an Vorgaben, aber kopieren Sie nicht alles: Sie müssen Ihr persönliches Trainingsprogramm selbst finden. Sportliche Fähigkeiten

Mehr Muskeln bitte!

lassen sich eben nicht einfach multiplizieren. Faktoren wie Stoffwechsel, Kreislauf, Hebelverhältnisse u. a. sind von Mann zu Mann einfach zu verschieden. Wenn zehn Wiederholungen angegeben sind, dann beenden Sie den Satz nicht genau bei dieser Anzahl, sofern Sie noch Power haben! Auf der anderen Seite: Hören Sie auf, wenn es nicht mehr geht. Fazit: Ermitteln Sie im Rahmen der Vorgaben Ihr ganz persönliches Belastungsprofil!

Sechs Geheimnisse des Muskelaufbaus

Einmal ehrlich: Wissen Sie eigentlich, nach welchen Prinzipien Sie Ihr Training effizient und abwechslungsreich gestalten? Ah … Sie verlassen sich da lieber ganz auf Ihren «Instinkt»? Sorry, aber dahinter verbirgt sich oft nicht viel mehr als pure Planlosigkeit. Und wenn Sie noch so gerne viel Eisen stemmen – einen starken Rahmen für Ihren Bauch erschaffen Sie schneller, wenn Sie die Geheimnisse starker Muskeln beherzigen!

1. Bringen Sie sich aus dem Gleichgewicht!

Egal, auf welchem Leistungsniveau Sie sich befinden: Einige Trainingsprinzipien gelten für alle Sportler. Dabei spielt es keine Rolle, ob Sie sich auf Ihren nächsten Marathon vorbereiten oder versuchen, Ihre persönliche Leistungsgrenze im Bankdrücken zu sprengen – das Grundprinzip ist immer gleich: Bringen Sie Ihren Körper aus dem Gleichgewicht!

Vermeiden Sie Trainingsroutinen, denn Ihr Körper arbeitet außerordentlich ökonomisch und leistet nur das, was Sie ihm abverlangen. **Wollen Sie Ihre Leistung weiter steigern, so müssen Sie Ihre Muskeln vor neue Herausforderungen stellen.** Klingt eigentlich ganz einfach, doch wie so oft liegen die Tücken im Detail. Denn die Steigerung beginnt zunächst mit der Ermüdung des Organismus nach dem Training. Während der anschließenden Erholungsphase vollzieht sich die Regeneration über das ursprüngliche Leistungsniveau hinaus – Fachleute nennen das Superkompensation. Biologische Erklärung: Mit dem Mehrausgleich treffen die Muskeln Vorsorge für zukünftig zu erwartende Belastungen. Deshalb ist für ein erfolgreiches Training der optimale Wechsel zwischen Belastung und Erholung ausschlaggebend,

Viertes Kapitel / *Kraft*

denn erst in der Erholungsphase gewinnt die Muskulatur zusätzlich an Kraft, indem sie ihre Energiespeicher erweitert. Lassen Sie also nach einem intensiven Krafttraining die Hanteln für etwa 48 Stunden ruhen, damit Sie sich nicht «in den Keller trainieren», wenn Sie mit der erneuten Trainingsbelastung zu früh starten. Allerdings sind die Erholungszeiten individuell unterschiedlich und hängen vom aktuellen Trainingszustand ab. Je besser Sie trainiert sind, desto früher können Sie das Eisen wieder biegen!

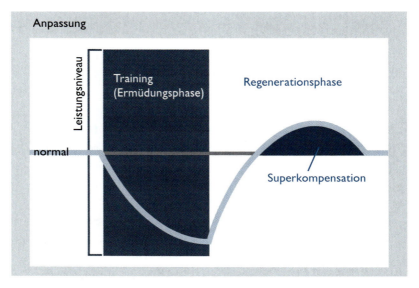

Das richtige Timing für das Muskelwachstum

2. Belasten Sie sich regelmäßig!

Sie sollten Ihr Training möglichst gleichmäßig über einen längeren Zeitraum verteilen und dabei mindestens zweimal in der Woche trainieren. Denn kurzfristig antrainierte Muskeln verschwinden auch wieder schnell.

3. Steigern Sie Ihre Belastung allmählich!

Treiben Sie Ihre Leistungsgrenze alle zwei Wochen kontinuierlich in die Höhe. Bevor Sie Ihre Trainingsintensität durch zusätzliche Gewichte verschärfen, sollten Sie zunächst

Mehr Muskeln bitte! 71

→ die Trainingshäufigkeit erhöhen – trainieren Sie z.B. dreimal anstatt zweimal,

→ den Trainingsumfang ausdehnen – führen Sie bei jeder Übung eine Serie mehr aus,

→ die Belastungsdauer erweitern – erhöhen Sie die Wiederholungszahl pro Serie,

→ die Belastungsdichte steigern – verkürzen Sie Ihre Pausen zwischen den Serien,

→ die Bewegungsgeschwindigkeit reduzieren – trainieren Sie die einzelne Übung langsamer.

Wenn Sie in dieser Reihenfolge vorgehen, können Sie Ihre Trainingsbelastung kontinuierlich steigern, ohne Ihren Körper unnötig zu strapazieren.

4. Variieren Sie die Trainingsmethoden!

Um Ihre Muskeln wirklich auszutrainieren, sollten Sie die Trainingsmethoden systematisch wechseln. Neben einem klassischen Muskelaufbautraining ist die Variation zwischen einer Verbesserung Ihrer Kraftausdauer und Ihrer Maximalkraft entscheidend.

Die Grundlage für später folgende Trainingsbelastungen bildet ein gezieltes **Kraftausdauertraining**. Dabei führen Sie 15–20 Wiederholungen in ein bis zwei Serien mit jeweils ein bis zwei Minuten Pause aus. Der Lohn dafür ist eine wesentlich stärker durchblutete Muskulatur. Bingo: Eine Verbesserung von Sauerstoffversorgung und Stoffwechselsituation verkürzt die Regenerationszeiten, was den anschließenden Muskelaufbau fördert und ebenso die neue, hart antrainierte Muskelmasse immer wieder ausreichend mit Nährstoffen versorgt. Eine Chance auch für Ihre Bänder und Gelenke, sich bei der relativ geringen Gewichtsbelastung den gestiegenen Trainingsanforderungen anzupassen!

Wollen Sie die Anzahl Ihrer Klimmzüge steigern? Dann verbessern Sie Ihre Maximalkraft, denn sie legt die größtmögliche Kraftentfaltung fest, die Sie auch beim besten Willen gerade noch erreichen können. Ihre Maximalkraft hängt im Wesentlichen vom Muskelquerschnitt und der Anzahl der sich gleichzeitig kontrahierenden Muskelfasern ab.

Die bekannteste Möglichkeit, die Kraft zu steigern, bietet ein reines **Muskelaufbautraining**, das so genannte Hypertrophietraining. Dabei kommt es

Viertes Kapitel / *Kraft* 72

darauf an, die Energiereserven des Muskels innerhalb von 20–30 Sekunden absolut zu erschöpfen. Das Gewicht sollten Sie so wählen, dass Sie mindestens sechs und maximal zwölf Wiederholungen pro Satz schaffen! Der Clou: Bei diesem Gewicht ist Ihr Muskel auf sich allein gestellt, da die hohe Muskelspannung die Blutzufuhr unterbindet. Erst so können Sie Ihren Muskel völlig erschöpfen. Wichtig: Bereiten Sie die Belastung vor, indem Sie die Bewegung mit leichten Gewichten ungefähr fünfzehnmal ausführen.

5. Planen Sie Ihre Muskeln langfristig!

Nicht ohne Grund teilen Leistungssportler ihr Jahr in unterschiedliche Trainingsperioden auf. Doch auch für Sie ist eine Jahresplanung unerlässlich, um das Muskelaufbautraining wirkungsvoll zu gestalten. Durch Beobachtung der Trainingspraxis ist bekannt, dass nach einer gewissen Zeit bei gleich bleibender Belastung trotz hohen Trainingsaufwands keine nennenswerte Leistungssteigerung mehr zu erzielen ist. Variieren Sie Ihr Training deshalb mit den beschriebenen Methoden – es sei denn, Sie haben gerade erst mit dem Krafttraining begonnen. Dann lassen Sie sich ungefähr ein halbes Jahr Zeit, bevor Sie an die Periodisierung Ihres Trainings gehen.

Steigen Sie in den Trainingszyklus mit einem zehnwöchigen Kraftausdauertraining ein, um optimale Voraussetzungen für das folgende zehn- bis zwölfwöchige Muskelaufbautraining zu schaffen. Setzen Sie nun Ihre Schwerpunkte entweder bei der Kraftausdauer oder im Muskelaufbau, indem Sie die Länge der einzelnen Trainingsperioden unterschiedlich betonen. Gerade nach harten Trainingswochen verlangt der Organismus mindestens für einen Monat deutliche Entlastung. Längere zusammenhängende Pausen sind allerdings nicht zu empfehlen. In Übergangsperioden genügt ein leichtes Training, das auch als «aktive Erholung» verstanden werden kann. Senken Sie also zwischendurch den Trainingsumfang und die Intensität. Nehmen Sie andere Sportarten in Ihr Programm auf, oder trainieren Sie zur Abwechslung in einem anderen Studio.

Mehr Muskeln bitte! 73

6. Profi-Power: Mobilisieren Sie alle Reserven!

Die letzte Garantie für stahlharte Muskeln! Achtung: Bitte schätzen Sie Ihren Trainingszustand realistisch ein, denn die folgenden Trainingsformen sind sehr intensiv und anspruchsvoll und eignen sich deshalb nur für fortgeschrittene Sportler mit Trainingserfahrung. Außerdem sollten Sie zwischen Schmerzen wie einem leichten Brennen in den Muskeln, die als Folge eines intensiven Trainings durchaus erwünscht sind, und Beschwerden an den Gelenken oder Sehnen, die Sie auch nach zwei Tagen Pause noch plagen und die in jedem Fall unerwünscht sind, unterscheiden! Nehmen Sie bei akuten Beschwerden Ihr Training kritisch unter die Lupe, und fragen Sie einen Trainer oder Arzt um Rat. Als Prämisse gilt grundsätzlich: Achten Sie immer auf eine fehlerfreie Bewegungsausführung.

Forced reps: Bei diesen «erzwungenen Wiederholungen» führen Sie eigenständig sechs bis acht schwere Wiederholungen aus. Bevor Ihre Kräfte Sie jedoch ganz verlassen, hilft Ihnen ein möglichst zuverlässiger Trainingspartner gerade so viel, dass Ihnen noch zwei bis drei weitere Wiederholungen gelingen. Ist Ihnen das nicht intensiv genug, sollten Sie es einmal mit den **Negative reps**, den negativen Wiederholungen, probieren: Ihr Partner hilft Ihnen, das Gewicht zwei- bis dreimal zurück in die Ausgangsstellung zu bringen – ohne seine Hilfe wären Sie dazu nach den vorhergegangenen schweren Wiederholungen nicht mehr in der Lage! Sie sollen die Gewichte nur noch eigenständig langsam und kontrolliert nach unten führen. Profis können sich für diese Prozedur von ihrem Partner noch etwas zusätzliches Gewicht auflegen lassen. Sind Sie mit diesen beiden Trainingsmethoden vertraut, können Sie sie auch kombinieren. Sie führen die ersten sechs bis acht Wiederholungen bis zur Erschöpfung aus, beißen sich bei den folgenden zwei Wiederholungen mit Unterstützung durch und geben sich beim abschließenden zweimaligen langsamen Zurückführen den Rest.

Sollte einmal kein Trainingspartner in der Nähe sein, versuchen Sie es mit den so genannten **Burns**. Richtig, schon der Name verheißt keine Entspannung. Auch wenn Sie nach den ersten sechs bis acht Wiederholungen völlig erschöpft sind, bewegen Sie das Gewicht noch im Bereich der günstigsten Hebelverhältnisse. Beim Bizeps-Curl z.B. versuchen Sie, den Arm aus der gestreckten Position noch möglichst weit zu beugen.

Das **Prinzip der Vorermüdung** bezieht sich auf Übungen, bei denen mindestens zwei Muskelgruppen beteiligt sind, z.B. beim Bankdrücken der große

Viertes Kapitel / *Kraft*

Brustmuskel und der dreiköpfige Armstrecker. Der Muskel, der den entscheidenden Teil der Bewegung ausführt, hier die Brustmuskulatur, wird in einer Übung, z.B. der Fliegenden Bewegung, isoliert belastet und vorermüdet. Ohne Pause wechseln Sie anschließend zum Bankdrücken.

Eine weitere Spielart ist das **Supersatztraining**. Dabei können Sie zwischen zwei Methoden variieren: Bei der Antagonisten-Superserie wird zuerst der agierende Muskel, Agonist, z.B. der Beinstrecker, mit einem Satz trainiert, unmittelbar darauf folgt der muskuläre Gegenpart, der die Bewegung stabilisiert, der Antagonist, in diesem Fall die Beinbeugemuskulatur – ohne Pause, versteht sich! Die Satzzahl verändert sich dabei nicht, Ihre Trainingszeit wird jedoch glatt halbiert. Nicht anstrengend genug? Dann versuchen Sie es doch mit der Agonisten-Superserie, indem Sie die gleiche Muskelgruppe durch zwei verschiedene Übungen hintereinander belasten. Nach dem Beinstrecker folgt jetzt ein Satz Kniebeugen an der Multipresse. Ziel ist einmal mehr die völlige Erschöpfung der Muskulatur und damit verbunden ein ausgeprägter Reiz, der Ihre Muskeln schneller wachsen lässt. Noch mehr Herausforderung bieten Ihnen die **«Gigantensätze»** mit mehr als zwei Übungen hintereinander – härter geht's nicht! Setzen Sie Supersätze deshalb generell nur gezielt als Geheimwaffe zum Muskelaufbau ein.

30 Minuten, die Ihren Bauch zur Geltung bringen

Die Methode: High Intensity Training, kurz HIT – ein Zirkeltraining, das Ihre Fettdepots zum Schmelzen bringt! Das Ziel: die Muskeln fordern, aber nicht überfordern. Das Ergebnis: die Fusion von Kraft und Ausdauer! Sie trainieren Kraftauf- und Fettabbau in einem. Damit Sie bei dieser Form des Krafttrainings nicht aus der Puste kommen – und damit in den anaeroben Bereich gelangen, der den Fettabbau hemmt –, sollten Sie Ihren Puls stets im Blick haben. Die Regel: «Reduce to the Max» – 30 Minuten Supersätze und kein Gedanke an eine Pause! Um einen maximalen Trainingseffekt zu erreichen, haben wir das Prinzip der Supersätze zu einem Zirkeltraining ausgebaut: Trainieren Sie ohne Pause zwischen den Sätzen die gegenüberliegenden Muskeln, Agonist und Antagonist, etwa Bizeps und Trizeps, oder bear-

Mehr Muskeln bitte! 75

beiten Sie ein und dieselbe Muskelgruppe in mehreren schnell aufeinander folgenden Sätzen. Vorteil: Wer nur wenig Zeit für ein Workout hat, trainiert dementsprechend intensiv und konzentriert. Sie trainieren jeweils nur einen Satz mit einer hohen Wiederholungszahl von 20–40, jedoch nicht bis zur schwersten letztmöglichen Wiederholung. Es wird nicht ausbleiben, dass Sie während einer Übung immer mal wieder in den anaeroben Bereich kommen. Deshalb ist es wichtig, stets leichte Gewichte zu wählen, damit Ihr Puls einen Wert von 120–130 Schlägen pro Minute möglichst konstant hält. Wiederholen Sie den Zirkel so oft, dass Sie auf mindestens 30, im Optimalfall auf 60 Trainingsminuten kommen! Wenn Sie den Zirkel ein zweites oder drittes Mal machen, um die Trainingszeit und damit die Fettabbauphase zu verlängern, hat sich der Muskel jedes Mal wieder so weit regeneriert, dass er nicht zu stark in den anaeroben Bereich gerät und trotzdem an Kraft gewinnt. Also: Stellen Sie sich einen Übungszirkel zusammen, mit dem Sie jede Muskelgruppe des Körpers trainieren. Den Aufbau unbegrenzter Muskelmassen können wir Ihnen damit zwar nicht garantieren, wohl aber einen athletischen und austrainierten Körper. Dazu müssen Sie noch nicht einmal Ihr Fitness-Studio aufsuchen – eine Hantelbank sowie ein paar Kurzhanteln sind alles, was Sie benötigen!

Konturen:
Training für Ihr Sixpack!

Die Bedeutung der Bauchmuskulatur

Die Bauchmuskeln dienen zu weitaus mehr als nur zu der begehrten Waschbrettoptik, die Sie zum König des Strandabschnitts macht. Sie fördern Ihre gute Haltung und steigern die Stabilität Ihrer Wirbelsäule. Das entlastet Ihren Rücken beim Heben, Sitzen, Stehen – und bringt Sie auch in der Horizontalen ganz groß raus! Besonders wichtig für Kämpfernaturen: Kommt es tatsächlich einmal hart auf hart, gibt Ihnen Ihr antrainiertes Muskelkorsett den nötigen Schutz, um auch Tiefschläge problemlos wegzustecken – im Ernstfall schützt eine starke Bauchmuskulatur innere Organe vor möglichen Verletzungen wie z.B. einer Leberruptur. Autsch! Und damit Sie nach dem überstandenen Gefecht noch tief durchatmen können, unterstützen Ihre Bauchmuskeln auch noch die Ausatmung.

Die Bauchregion ist das Kraftzentrum Ihres Körpers – alle Kräfte des Oberkörpers oder der Beine werden durch die Muskulatur in der Mitte übertragen. Ein Training der Bauchmuskulatur sorgt also nicht nur dafür, dass Ihr – na, sagen wir mal – etwas schlaff gewordenes Gewebe wieder in Form gebracht wird, sondern es trägt wesentlich dazu bei, Ihre Bewegungen zu dynamisieren und Ihre Leistungen zu verbessern – vor allem im Sport. Die Bauchmuskulatur ist die Muskelgruppe, bei der Sie von einer Kraftsteigerung am meisten profitieren – wohl deshalb ist das Bauchmuskeltraining die Königsdisziplin in jedem Fitness-Studio!

Kleine Anatomielektion

Die Muskelgruppe des Bauchs füllt den gesamten Raum zwischen der unteren Brustkorböffnung und dem oberen Beckenrand sowie von den Körperseiten bis zur Lendenwirbelsäule! Eine kurze Einführung in die Anatomie Ihrer Bauchmuskulatur ist sinnvoll, um die Bewegungsabläufe der einzelnen Übungen nachvollziehen zu können.

Die Bauchmuskulatur setzt sich aus vier Bauchmuskelgruppen zusammen:

→ Gerader Bauchmuskel (M. rectus abdominis)
→ Äußerer schräger Bauchmuskel (M. obliquus externus abdominis)

Training für Ihr Sixpack!

→ Innerer schräger Bauchmuskel (M. obliquus internus abdominis)
→ Querer Bauchmuskel (M. transversus abdominis)

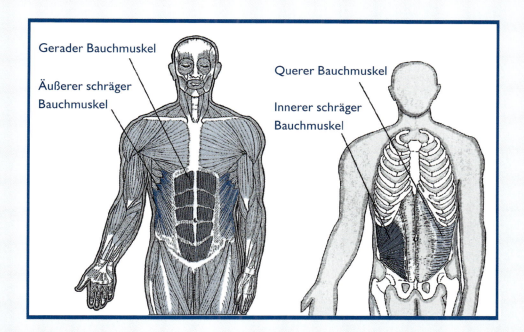

Gerader Bauchmuskel

Der gerade Bauchmuskel (M. rectus abdominis) ist der größte und vor allem verantwortlich für Ihr Sixpack. Seine beiden Längsstränge verlaufen vom Brustbein zum Schambein. Sie sind unterteilt in drei gleich große, durch schmale Zwischensehnen getrennte Muskelbäuche oberhalb und einen größeren Muskelbauch unterhalb des Nabels. Funktion: Bei fixiertem Becken zieht der gerade Bauchmuskel den Rumpf nach vorne – etwa beim Crunch –, wird dagegen der Oberkörper fixiert, hebt er es an. Wenn Sie sich an eine Klimmzugstange hängen und die Beine heben, stabilisiert er Ihr Becken. Außerdem spielt der gerade Bauchmuskel eine wichtige Rolle bei der Aufrechterhaltung der Beckenstellung und damit indirekt auch bei der Krümmung der Lendenwirbelsäule: Ist er schwach ausgeprägt, dann kippt das Becken nach vorne, und es kommt, orthopädisch ausgedrückt, zu einer Lordosierung der Lendenwirbelsäule – das heißt: Sie stehen im Hohlkreuz!

Innerer und äußerer schräger Bauchmuskel

Der innere und äußere schräge Bauchmuskel (M. obliquus abdominis externus und internus) verlaufen im äußeren Teil (externus) von den Außenseiten, im inneren Teil (internus) von den Innenseiten der unteren Rippen zum Becken.

Der innere schräge Bauchmuskel (M. obliquus abdominis internus) wird vom äußeren schrägen Bauchmuskel nahezu vollständig überdeckt und ist deutlich kleiner. Werden beide Seiten angespannt, unterstützen sie den geraden Bauchmuskel beim Anheben des Oberkörpers aus der Rückenlage oder umgekehrt beim Heben des Beckens. Deshalb werden die schrägen Bauchmuskeln bei Übungen für die geraden Bauchmuskeln stets mittrainiert. Der äußere schräge Bauchmuskel neigt den Rumpf bei einseitiger Kontraktion zur Seite bzw. dreht ihn zur Gegenseite. Das heißt, der rechte äußere schräge Bauchmuskel dreht nach links und umgekehrt! Bei einseitiger Aktion neigt der innere schräge Bauchmuskel den Rumpf zur Seite bzw. dreht ihn zur Kontraktionsseite. Die innere schräge Bauchmuskulatur arbeitet also bei der Seitneigung mit der gleichseitigen, bei der Rumpfdrehung mit der gegenseitigen äußeren schrägen Bauchmuskulatur zusammen.

Querer Bauchmuskel

Der quere Bauchmuskel (M. transversus abdominis) bildet die tiefste Schicht aller Bauchmuskeln, er wird von den schrägen Bauchmuskeln völlig bedeckt. Seine Fasern führen vom Becken und den Sehnen der Muskeln des Rückenstreckers zu den geraden Bauchmuskeln. Der quere Bauchmuskel formt zusammen mit den schrägen Bauchmuskeln die Taille und wirkt mit den anderen Bauchmuskeln an der Aufrichtung des Beckens mit.

Training für Ihr Sixpack!

> ## So trainieren Sie Ihre Bauchmuskeln!
>
> Allgemein trainieren Sie Ihre Bauchmuskeln mit folgenden Bewegungen: Aufrichten des Oberkörpers aus der Rückenlage, Drehen und Neigen des Oberkörpers zur Seite und Anheben des Beckens aus der Rücken- lage bei fixiertem Oberkörper.
>
> Um die Sache zu vereinfachen, werden im Übungsteil (ab Seite 100) die Übungen jeweils dem Anteil der Bauchmuskulatur zugeordnet, der besonders gefordert wird. Unterschieden werden
> → schräge Bauchmuskeln (innere und äußere),
> → gerade Bauchmuskeln (oberer Anteil) und
> → untere Bauchmuskeln (unterer Anteil der geraden Bauchmuskeln).

DER CRUNCH:
Die Bauchmuskelübung

Da Sie Ihre Bauchmuskulatur isoliert trainieren wollen, ist der Crunch die ideale Basisübung. Denken Sie aber daran: Crunches sind kein Ausdauer- training! Wer dabei stark außer Atem kommt, trainiert falsch. Lassen Sie sich für jede Wiederholung etwa zehn Sekunden Zeit – weder Geschwindigkeits- noch Wiederholungsrekorde bringen Sie harten Bauchmuskeln näher! Im Gegenteil: Je langsamer Sie arbeiten, desto intensiver fordern Sie jede Mus- kelfaser und desto gleichmäßiger und attraktiver treten die Muskeln im End- effekt hervor.

Fünftes Kapitel / *Konturen*

> ### Das Bauchduell: Crunches vs. Sit-ups
>
> Beim **Sit-up** hebt man den Körper aus dem Sitz bis fast in die Senkrechte. Sit-ups setzen Nacken und Rücken unter einen enormen Stress und trainieren hauptsächlich den Hüftbeuger, der z.B. bei vorwiegend sitzenden Berufen ohnehin häufig verkürzt ist. Beim **Crunch** dagegen hebt man die Schultern ausschließlich mit Hilfe der Bauchmuskeln maximal um zehn bis 15 Zentimeter vom Boden ab: Heben Sie den Oberkörper nie so weit an, dass der untere Rücken den Bodenkontakt verliert, sonst tritt wieder der Hüftbeuger mit in Aktion und übernimmt einen Teil der Arbeit!

Der perfekte Crunch

Der Crunch bildet die Grundlage der meisten Übungsvariationen für Ihre Bauchmuskulatur. Doch was so einfach aussieht, will gelernt sein! Damit Ihr Bauch so wird, wie ihn die Frauen lieben – flach und hart wie ein Waschbrett –, sollten Sie die Checkliste auf Seite 83 noch einmal durchgehen.

Training für Ihr Sixpack!

Checkliste für den Basic-Crunch

→ Winkeln Sie die Arme an, und halten Sie die Hände in Höhe der Schläfen. Versuchen Sie während der Aufwärtsbewegung nicht, mit den Armen Schwung zu holen, denn dann haben die Bauchmuskeln Pause – und das ist ja nicht der Sinn der Sache.

→ Spannen Sie die Bauchmuskulatur an, indem Sie versuchen, die unteren Rippen dem Beckenknochen anzunähern. Dadurch bewegt sich Ihr Oberkörper nach oben-vorne, die Schulterblätter lösen sich vom Boden.

→ Halten Sie den unteren Rücken stets am Boden, um unnötige Belastungen der Wirbelsäule zu vermeiden.

→ Wichtig: Die Schulterblätter sollten während eines Satzes nie vollständig auf dem Boden aufliegen. Ihre Bauchmuskulatur ist während der gesamten Übung maximal angespannt!

→ Halten Sie Ihren Kopf in der natürlichen Verlängerung der Wirbelsäule. Wenn Sie eine Faust zwischen Kinn und Nacken schieben können, befinden Sie sich in der richtigen Position.

→ Wichtig: Lassen Sie niemals Ihre Nackenmuskulatur die Arbeit der Bauchmuskeln übernehmen! Für eine optimale Kopfhaltung fixieren Sie mit Ihrem Blick während der gesamten Übung einen bestimmten Punkt an der Decke.

→ Wichtig: Halten Sie die Beine in einer 90-Grad-Stellung am Boden! Diese Übungshaltung schaltet die Hüftbeuger aus und beansprucht in besonderem Maße die Bauchmuskulatur. Eine größere Entfernung der Beine vom Becken würde zu einer zunehmenden Belastung des Rückens führen.

→ Die Füße stehen hüftweit auseinander. Achten Sie darauf, dass sich während der Wiederholungen Ihre Knie nicht berühren.

→ Gehen Sie mit der Ausatmung in die Anspannung, und trainieren Sie in Ihrem natürlichen Atemrhythmus weiter – so sorgen Sie automatisch für die richtige Bewegungsgeschwindigkeit.

→ Wenn Sie die Intensität erhöhen wollen, halten Sie einfach die Endposition für etwa zwei Sekunden.

Fünftes Kapitel / *Konturen*

Die Spielregeln

Das Ziel: Ein flacher Bauch mit sechs definierten Kraftpaketen.
Der Weg: Ein Workout, das jede Muskelfaser fordert.
Die optimale Trainingsdauer: 10 bis 30 Minuten.

Damit Sie Ihre Bauchmuskeln ohne unerwünschte Nebenwirkungen zum
Glühen bringen, gelten die folgenden Spielregeln.

→ Beginnen Sie mit den leichteren Einsteigerübungen, und steigern Sie
sich bis zum Feintuning mit Zusatzgewichten oder Profi-Übungen.

→ Prüfen Sie den Bewegungsablauf Ihres Basic-Crunches. Nur wenn Sie
diese Übung technisch einwandfrei absolvieren, werden Sie auch
schnelle Fortschritte machen. Vernachlässigen Sie niemals die korrekte Bewegungsausführung zugunsten eines höheren Widerstandes
oder einer höheren Wiederholungszahl! Wenige richtig ausgeführte
Wiederholungen sind mehr wert als 100 falsche! Sie betrügen sich
selbst, indem Sie andere Muskeln zur Unterstützung einsetzen, um
sich das Trainingsleben leichter zu machen. Holen Sie keinen
Schwung, denn das belastet Hals und Rücken. Falsche Bewegungsmuster gefährden den Erfolg Ihres Trainings. Die Intensität und
Effizienz der Übungen nehmen ab, die Gefahr von Verletzungen zu.

→ Verwenden Sie die ersten Trainingswochen vor allem für den Aufbau
der Kraftausdauer Ihrer Bauchmuskeln und die Perfektionierung
Ihrer Technik. Später steigern Sie die Belastung, um mehr Kraft und
Muskelmasse zu gewinnen.

Auf die Plätze ...

Bei Übungen in der Rückenlage werden Sie feststellen, dass nicht der gesamte Rücken auf der Unterlage aufliegt. Dies wird durch die natürliche
Krümmung der Wirbelsäule hervorgerufen, ist also völlig normal. Die Wöl-
bung wird flacher, wenn Sie die Fersen zum Gesäß heranziehen und die
Füße aufstellen – Sie können den Effekt verstärken, indem Sie die Zehenspitzen zu den Knien ziehen und die Fersen mit der Kraft der Beinbeuge-

Training für Ihr Sixpack! 85

muskulatur in die Matte drücken, Ihr Becken leicht in Richtung Oberkörper kippen und zusätzlich die Gesäßmuskulatur anspannen.

Am besten liegt der Rücken auf, wenn Sie beide Knie so weit zur Brust heranziehen, dass sich die Füße vom Boden lösen und im Hüft- und Kniegelenk mindestens ein rechter Winkel entsteht. Zur Erleichterung können Sie die Fersen auf einen Stuhl oder einer Bank ablegen, damit Sie die Hüftbeugemuskulatur nicht anspannen müssen. Generell wird durch das Heranziehen der Beine das Becken aufgerichtet, die Lendenwirbelsäule wird abgeflacht, und die kleinen Wirbelgelenke werden entlastet. Bei schwacher Rumpfmuskulatur trainieren Sie besser nicht mit gestreckten oder fixierten Beinen, um das Risiko von Fehlbelastungen zu vermeiden!

fertig ...

Haben Sie Beschwerden in der Halswirbelsäule beim Anheben des Kopfes und dem Aufrichten der Wirbelsäule in Rückenlage? In den meisten Fällen lässt sich das mit Beachtung der richtigen Kopfhaltung oder durch eine Unterlagerung des Kopfes beheben. Ihr Kopf wiegt immerhin vier bis 4,5 Kilogramm und muss ausschließlich von der Halsmuskulatur gehalten werden! Besonders bei Einsteigern werden diese Muskeln gefordert, da bei einer geringen Aufrichthöhe des Oberkörpers der Kopf aufgrund der Hebelverhältnisse viel schwerer zu halten ist. Wenn Sie Schwierigkeiten beim Heben des Kopfes haben, kann dies also in einer Schwäche der vorderen Halsmuskulatur begründet sein. Schon nach wenigen Trainingseinheiten ist Ihre Halsmuskulatur stark genug, um den Kopf beschwerdefrei zu halten. Sollten die Beschwerden trotzdem anhalten, so versuchen Sie, das Kopfgewicht mit beiden Händen oder mit einer Hand abzustützen, wobei der Ellenbogen zur Seite zeigt. Bei Schmerzen im Nacken stützen Sie Ihren Kopf durch ein Handtuch, eine Hand oder mit Ihren Fingerspitzen ab.

Bewahren Sie Haltung: Während Ihrer Bauchübungen sollten Sie immer eine Faust weit Abstand zwischen Ihrem Kinn und der Brust halten.

Fünftes Kapitel / *Konturen*

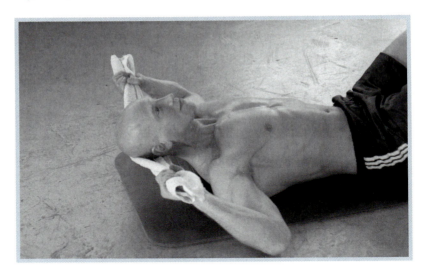

«Nackenstütze»: Wenn nach den ersten Trainingseinheiten Ihre Nackenmuskulatur schmerzt, stützen Sie Ihren Kopf zusätzlich durch ein mit den Händen gespanntes Handtuch. Sollten Sie gerade kein Handtuch parat haben, stützen Sie Ihren Kopf einfach mit einer Hand!

«Kopf hoch»: Bei den Bauchübungen sollte immer eine Faust zwischen Kinn und Brust passen.

Training für Ihr Sixpack!

Achten Sie darauf, bei der Aufrichtbewegung den Kopf nicht zu drehen oder zur Seite zu neigen! Ziehen Sie in der Aufrichtbewegung die Schultern nicht nach vorn. Wenn Sie dazu neigen, Ihre Schultern nach vorn hängen zu lassen, oder einen Rundrücken haben, sollten Sie die Arme grundsätzlich mit den Handflächen nach oben und den Daumen nach außen zeigen lassen.

... los!

Um Ihre Bauchmuskulatur bis ins Letzte zu fordern, dürfen Ihre Schulterblätter während eines Satzes nur leicht den Boden berühren – niemals sollte Ihr gesamtes Körpergewicht auf dem Boden ruhen! Es ist entscheidend, dass Sie die Spannung in der Muskulatur während der gesamten Bewegung beibehalten und versuchen, allein durch die Arbeit Ihrer Muskulatur den größtmöglichen Bewegungsumfang zu erreichen.

Bei der Mehrzahl der Bauchübungen sollten Sie den Oberkörper nur bis zu einem 45-Grad-Winkel aufrichten, um eine vollständige Kontraktion zu ermöglichen. Bewegungen, bei denen Sie über diesen Winkel hinausgehen, bringen zusätzliche Muskelgruppen ins Spiel, sodass Sie die Bauchmuskulatur nicht mehr isoliert trainieren können. Ausnahmen: einige komplexe Übungen für Profis mit koordinativ anspruchsvollen Bewegungsabläufen, bei denen die Hüftbeugemuskulatur bewusst mit eingesetzt wird.

Konzentrieren Sie sich während der Übung darauf, Ihre Muskeln zu fühlen. Legen Sie eine Hand auf Ihre Bauchmuskulatur, um die Spannung zu spüren und die Bewegung bewusst wahrzunehmen. Prägen Sie sich folgendes Bewegungsmuster ein, um Ihren Bauch so intensiv wie möglich zu trainieren: Ziehen Sie die Bauchmuskulatur wie eine Ziehharmonika zusammen, dabei bewegen sich die unteren Rippen in Richtung Beckenknochen, der Bauchnabel zum Rücken hin.

Fünftes Kapitel / *Konturen*

Motivationskick: Legen Sie eine Hand auf Ihre Muskeln – das hilft Ihnen, die Spannung in der Bauchmuskulatur noch intensiver wahrzunehmen und den Bewegungsablauf zu kontrollieren.

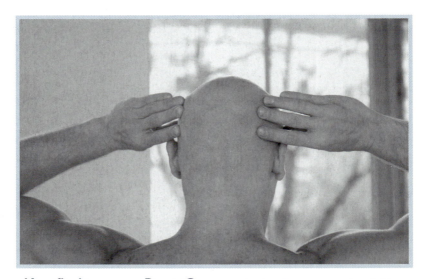

Kopfhaltung – «Best Case»: Mit den Daumen an den Schläfen vermeiden Sie unnötige Belastungen für Ihren Nacken und lassen allein Ihre Bauchmuskulatur arbeiten!

Training für Ihr Sixpack! 89

Kopfhaltung – «Worst Case»: Hände nicht hinter dem Kopf verschränken!

Fünftes Kapitel / *Konturen*

Die Mitspieler

Atmung

Verschenken Sie keine Kraft durch falsches Atmen! In der Phase der Muskelkontraktion, also wenn die eigentliche Muskelarbeit geleistet wird, atmen Sie aus. Auf keinen Fall sollten Sie die Luft während einer Wiederholung anhalten, denn diese so genannte Pressatmung führt zu einer immensen Blutdruck- und Herzfrequenzsteigerung, weil der venöse Rückstrom des Blutes zum Herzen beeinträchtigt ist. Außerdem ist eine korrekte Atemtechnik wichtig, um Ihre Bauchmuskeln wirklich intensiv zu trainieren: Erst vollständiges Ausatmen ermöglicht eine maximale Kontraktion der Bauchmuskulatur!

Übungstempo

Langsame Muskelfasern, wie sie für die Haltemuskulatur des Rumpfes charakteristisch sind, zeigen bei langsamer Geschwindigkeit die größte Kraftsteigerung. **Die Ausführung der Übung sollte immer langsam und kontrolliert erfolgen.** Variieren Sie später die Geschwindigkeit z.B., indem Sie während der Aufwärtsbewegung langsam bis zwei und während der Abwärtsbewegung langsam bis vier zählen. Dabei bietet sich bereits für Einsteiger eine einfache und sichere Methode zur Steigerung der Intensität: Halten Sie die Spannung am Punkt der maximalen Kontraktion für eine bis zwei Sekunden! Profis können sich bei einigen Übungen auch in höheren Geschwindigkeitsbereichen versuchen. So wird Ihre Muskulatur durch unterschiedlich intensive sowie schnellere und längere Reize auf alle Einsatzmöglichkeiten vorbereitet!

Wiederholungen, Sätze, Pausen

Die Anzahl der Wiederholungen hängt von Ihrem Trainingszustand und von Ihren Trainingszielen ab: Bei Übungen mit leichter Intensität beginnen Sie mit 15–20 Wiederholungen und versuchen, diese im Verlauf des Trainings auf etwa 50 zu steigern. Bei Übungen mit mittlerer oder hoher Intensität beginnen Sie mit acht bis zwölf Wiederholungen, nähern sich dann Ihrer Leistungsgrenze und versuchen, 20–25 Wiederholungen auszuführen. Auch für das Wachstum Ihrer Bauchmuskeln ist eine progressiv ansteigende Trai-

Training für Ihr Sixpack! 91

ningsbelastung entscheidend. Das bedeutet, dass Sie bei Ihrem Bauchmuskeltraining den Widerstand allmählich steigern sollten. Beim Bankdrücken machen Sie doch auch nicht 100 Wiederholungen mit einer Zehn-Kilo-Stange, um Muskeln aufzubauen!

Die Satzzahl: Beginnen Sie mit einem bis zwei Sätzen, und steigern Sie sich später auf drei bis fünf Sätze.

Die Pausen: Zwischen den Sätzen sollten zwischen 30 und 60 Sekunden Pause liegen. Wenn Sie die Übungen bis zur Erschöpfung ausführen, können Sie sich auch eine Pause von einer bis zwei Minuten gönnen.

Die Übungszahl und die **Reihenfolge:** Gönnen Sie Ihrer Bauchmuskulatur möglichst viel Abwechslung! Suchen Sie sich für jede Trainingseinheit fünf bis sechs verschiedene Übungen aus, und variieren Sie die Auswahl von Trainingseinheit zu Trainingseinheit. Damit Sie auch bei Ihrem Trainingsflirt einen nachhaltigen Eindruck hinterlassen, beginnen Sie Ihr Workout am besten mit den schwächeren Muskelpartien und solchen Übungen, die Ihnen viel Koordination abverlangen. Also, zuerst den unteren Anteil Ihrer geraden Bauchmuskulatur und die anspruchsvollen Varianten für die seitliche Bauchmuskulatur trainieren, bevor Sie sich beim oberen, geraden Anteil verausgaben! In dieser Reihenfolge fallen Ihnen schwere Übungen leicht – und mit Ihren Favoriten machen Sie auch am Schluss noch eine gute Figur …

Trainingshäufigkeit

Bauchmuskeln sind Hardliner, die nicht die gleiche Erholungszeit benötigen wie andere Muskelgruppen. Doch gerade untrainierte Bauchmuskeln brauchen durchaus auch ihre Regenerationsphasen, um sich der ungewohnten Belastung anzupassen! Als Anfänger oder nach einer Pause sollten Sie Crunches deshalb nur an jedem zweiten Tag absolvieren. Später können Sie ins tägliche Training einsteigen.

Grundsätzlich gilt, dass kurze, aber häufigere Trainingseinheiten wirksamer sind als lange, aber seltene. Glücklicherweise ist es einfacher, ein Level zu halten, als es zu erreichen – wenn Sie Ihr Ziel einmal erreicht haben, können Sie die Trainingshäufigkeit langsam reduzieren!

Fünftes Kapitel / *Konturen*

Verschärfte Bedingungen

Nahezu jede Übung für die Bauchmuskulatur kann durch die Körperhaltung oder die Verwendung von Zusatzgewichten gesteigert werden. Beginnen Sie zunächst mit dem Körper, erst dann mit leichten Gewichten, um die Intensität zu steigern. Hier gilt: «Safety first!» – zusätzliche Gewichte bringen zusätzliche Leistungssteigerung, erhöhen jedoch auch das Verletzungsrisiko.

Hands up!

Nutzen Sie die Arme, um die Intensität zu steuern: Am einfachsten sind Crunches mit geraden, neben dem Körper ausgestreckten Armen. Wollen Sie die Übung verschärfen, kreuzen Sie die Arme vor der Brust. Nächste Steigerung: Sie legen die Hände an die Schläfen. Noch nicht genug? Dann strecken Sie sie hinter dem Kopf aus! Wenn Sie auch diese Variante locker meistern, bleibt Ihnen nur noch, zusätzlich Gewichte oder das Telefonbuch auf die Brust zu legen.

Gestreckte Arme neben dem Körper

Training für Ihr Sixpack!

Arme vor der Brust gekreuzt

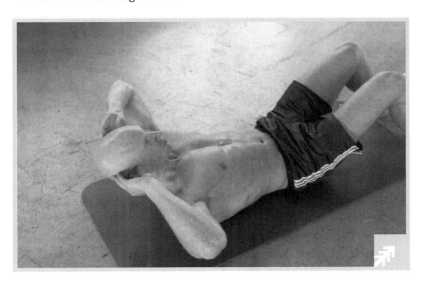

Daumen an den Schläfen

Fünftes Kapitel / *Konturen*

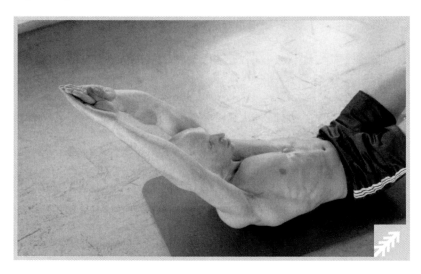

Hinter dem Kopf gestreckt

Hände mit Hanteln hinter dem Kopf gestreckt

Training für Ihr Sixpack!

Abheben

Die Position der Beine spielt ebenfalls eine entscheidende Rolle bei der Übungsgestaltung. Je weiter die Beine von der Bewegungsachse – diese befindet sich in der Regel zwischen Hüften und Taille – entfernt sind, desto größer ist der entstehende Hebeleffekt, der den Oberkörper anhebt. Je weiter Sie also die Beine strecken, desto leichter wird die Übung!

Beim Training der unteren Bauchmuskulatur können Sie die Anforderungen verschärfen, indem Sie einen Ball oder eine Hantel zwischen die Füße oder die Knie nehmen. Eine weitere Möglichkeit, die Intensität zu verändern, ist die Arbeit über eine Neigung. Aber es geht auch einfacher: Bei schweren Übungen können Sie mit der Schwerkraft arbeiten, bis der Bewegungsablauf perfekt sitzt – anschließend drehen Sie den Spieß einfach um und trainieren gegen die Neigung!

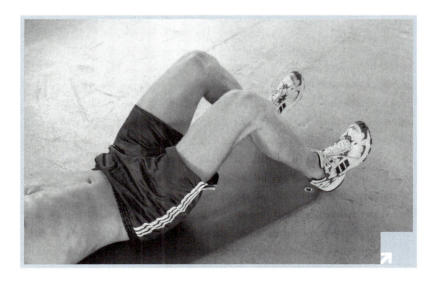

Fünftes Kapitel / *Konturen*

Abheben der Beine

Training für Ihr Sixpack! 97

Muskelkater

«No pain, no gain» – ein leichter Muskelkater in der Bauchregion ist nach den ersten Trainingseinheiten völlig normal. Diese Mikroverletzungen der Muskulatur klingen schnell wieder ab. Klarer Fall: Ist der Muskelkater so stark, dass Sie die nächste Einheit beim besten Willen nicht antreten können, dann haben Sie es eindeutig übertrieben! Ansonsten gilt: Trainieren Sie mit gedrosselter Intensität weiter, das regt die Durchblutung an und beschleunigt die Reparatur Ihrer Kraftwerke.

Wenn Sie Beschwerden in der Lendenwirbelsäule haben, achten Sie besonders auf Ihren unteren Rücken. Plötzlich stechende Schmerzen oder Krämpfe sind deutliche Zeichen einer unangemessenen Belastung. Arbeiten Sie niemals gegen diesen Schmerz an! Auch wenn chronische Schmerzen auftreten, die Sie noch drei bis vier Tage nach dem Training plagen, sollten Sie diese Warnsignale ernst nehmen und Ihr Übungsrepertoire und die Ausführung auf mögliche Fehlerquellen untersuchen!

Fünftes Kapitel / *Konturen*

Helfer für zu Hause: Diese kleinen Helfer rüsten Ihr Wohnzimmer zum Fitness-Studio auf: Tube und Hanteln für zusätzlichen Widerstand, der Stepp zur Variation der Übungen (gegen die/mit der Neigung), das Seil und die Boxhandschuhe für das Profi-Warm-up!

Training für Ihr Sixpack! 99

Kleine Helfer

Ein ideales Hilfsmittel, um Ihre Bauchmuskulatur richtig zu fordern, ist das Tube, ein Gummiseil mit Griffen am Ende. Damit haben Sie ein ganzes Fitness-Studio in der Tasche. Tubes sind leicht zu verstauen und vor allem vielseitig einzusetzen. Sie ermöglichen das Üben mit respektablen Widerständen. Die Dehnfähigkeit eines Tubes können Sie an der Farbe erkennen. Für Männer eignen sich vier Varianten: grüne (bei starker Dehnung etwa vier Kilo Widerstand), rote (5,5 Kilo), blaue (8,5 Kilo) und schwarze (zehn Kilo). Bei vielen Übungen kann ein Tube auch zweifach genommen werden, wodurch sich der Widerstand verdoppelt. Weil nicht alle Übungen mit dem gleichen Widerstand trainiert werden können, raten wir Ihnen zu zwei Bändern in verschiedenen Stärken (Tubes sind im Sportfachhandel erhältlich und kosten nicht viel).

Mit Tubes können Sie nahezu nichts falsch machen. Eine Überlastung von Gelenken und Bändern ist praktisch ausgeschlossen, weil ein Tube nicht mehr Widerstand bietet, als Sie zuvor aufgebaut haben. Wenn Sie ermüden, dehnen Sie das Band automatisch nicht mehr so weit wie zu Beginn der Übung – der Widerstand sinkt, ohne dass Sie dafür eine Hantelscheibe abnehmen und das Grinsen Ihres Trainingsnachbarn einstecken müssen!

Warnung: Die Wahrheit über Ihr Bauchtrainingsgerät!

Das Versprechen, den Weg zum Waschbrettbauch mit Hilfe eines Trainingsgeräts zu erleichtern, sorgt bei einigen Geräteherstellern für ausgezeichnete Umsätze. Aber können die Maschinen halten, was sie versprechen? Okay, die besseren unter ihnen unterstützen Sie dabei, einen sauberen Crunch auszuführen. Aber wahr ist auch, dass man diesen Bewegungsablauf auch ohne Gerät perfekt ausführen kann. Einige Ab-Trainer entlasten Ihre Nackenmuskulatur oder helfen, Ihren Oberkörper in die richtige Position zu bringen – aber auch dafür gibt es einfachere Alternativen. Fazit: Wenn es Sie ungemein motiviert, ein Gerät zu kaufen, dann schadet das nicht. Aber die Einsatzmöglichkeiten sind beschränkt, und in der Regel endet diese Investition als Kleiderständer im Hobbyraum.

Königsdisziplin:
Die Bauchmuskelübungen

Sechstes Kapitel / *Königsdisziplin*

> ### Beachten Sie die Schwierigkeitsgrade
>
> Achtung! Auch wenn Ihr Motto sonst «No risk, no fun» lauten sollte – beachten Sie die bei einigen Übungsanweisungen aufgeführten Warnungen vor Risiken! Solche Übungen sind eher für erfahrene und gesunde Sportler geeignet als für Einsteiger. Wir haben die Übungen in drei Schwierigkeitsgrade eingeteilt und gekennzeichnet – je höher der Schwierigkeitsgrad der Übungen, desto größer die Anzahl der folgenden Piktogramme:

 = Härtegrad

 = Koordination

 = Gefahrenpotenzial

GERADE BAUCHMUSKULATUR:
Das Sixpack

Crunch auf schräger Unterlage

* Rückenlage auf einer schrägen Unterlage, stellen Sie die Beine etwas weiter als hüftbreit auf dem Boden ab.
* Richten Sie sich mit Hilfe der Bauchmuskulatur nach oben auf.

Wichtig: Achten Sie unbedingt darauf, dass ¾ Ihres Rückens auf der Unterlage liegen bleiben. Diese Übung ist ideal geeignet für Einsteiger!

Sechstes Kapitel / *Königsdisziplin*

Tuch-Crunch

* Rückenlage auf einem großen Handtuch, fassen Sie die beiden Enden mit den Händen, und ziehen Sie sie straff.
* Beginnen Sie nun, den Nacken und die Brustwirbelsäule langsam auf- und wieder abzurollen. Bei der Abwärtsbewegung sollten Sie Ihre Muskulatur nie vollständig entspannen – Ihre Bauchmuskeln bleiben während der gesamten Übung angespannt!

Wichtig: Nie mit den Armen ziehen oder den Kopf bewegen! Drücken Sie am besten den Kopf immer in das Tuch.

Tipp: Viele Anfänger kaufen sich so genannte Abroller, um bei normalen Crunches den Nacken zu entlasten. Das geht genauso gut, wenn Sie mit einem Handtuch üben. Diese Methode funktioniert sowohl bei geraden Crunches, bei denen Sie Ihre Schultern einige Zentimeter vom Boden abheben, als auch bei schrägen Crunches (rechte Schulter ein paar Zentimeter in Richtung linkes Bein ziehen und umgekehrt).

Gerade Bauchmuskulatur

Bizeps-Crunch

* Rückenlage, stellen Sie die Füße auf.
* Führen Sie das Tube über Ihre Fußsohlen.
* Heben Sie die Schulterblätter vom Boden ab, beugen Sie gleichzeitig die Arme im Ellenbogengelenk – führen Sie einen Bizeps-Curl durch.

Tipp: Mit dieser Kombi-Übung, die auch für Einsteiger ideal geeignet ist, sorgen Sie für die nötige Definition im Bauch und in den Armen!

Sechstes Kapitel / *Königsdisziplin*

Crunch – der Klassiker

- ✳ Rückenlage, winkeln Sie die Beine an, drücken Sie die Fersen in den Boden.
- ✳ Halten Sie die Hände an die Schläfen, die Ellenbogen zeigen nach außen.
- ✳ Heben Sie nun den Kopf und die Schulterblätter vom Boden ab, und atmen Sie dabei aus.

Variation: In der Rückenlage liegen die Arme ausgestreckt neben dem Kopf. Ohne diese Position zu verändern, lösen Sie Kopf und Schultergürtel vom Boden! Mehr Power geht nicht!

Gerade Bauchmuskulatur

Center-Crunch

- Rückenlage, öffnen Sie die Beine schulterbreit.
- Startposition: Ihre Hände befinden sich auf Höhe der Oberschenkelmitte, Ihr Schultergürtel ist bereits aufgerichtet, Ihre Bauchmuskulatur kontrahiert.
- Spannen Sie nun Ihre Bauchmuskulatur konzentriert an, um Ihre Schulterblätter ganz von der Unterlage zu lösen und die Arme durch die Beine zu führen.
- Senken Sie dann Ihren Oberkörper ab, bis das untere Ende der Schulterblätter die Matte berührt, um sich anschließend wieder so weit wie möglich aufzurichten.

Sechstes Kapitel / *Königsdisziplin*

Hüft-Crunch

* Rückenlage, Hüfte und Knie sind in einem 90-Grad-Winkel gebeugt. Die Füße sind auf einer Bank aufgestützt oder gegen eine Wand gepresst.
* Legen Sie die Hände hinten an die Schläfen, die Ellenbogen zeigen nach außen.
* Heben Sie Ihre Hüfte an, so aktivieren Sie Ihre Gesäßmuskulatur, um Ihre Bauchmuskulatur zu isolieren und den Hüftbeuger auszuschalten. Versuchen Sie, durch die Kontraktion Ihrer Bauchmuskulatur die Schulterblätter vom Boden abzuheben.

Tipp: Die Qualität der Bewegungsausführung entscheidet über den Trainingserfolg. Konzentrieren Sie sich während der Übung besonders auf den oberen Anteil Ihrer Bauchmuskeln – er wird besonders intensiv trainiert. Fühlen Sie, wie Ihre Muskeln arbeiten!

Gerade Bauchmuskulatur

Pull-over-Crunch

* Rückenlage auf einer schrägen Unterlage.
* Nehmen Sie eine Hantel, strecken Sie die Arme gebeugt hinter den Kopf.
* Richten Sie sich nun mit Hilfe Ihrer Bauchmuskulatur langsam auf, und führen Sie dabei das Gewicht nach vorne in Richtung Beine. Versuchen Sie, die Übung in einem flüssigen Bewegungsablauf auszuführen!

Wichtig: Achten Sie darauf, dass Sie nicht ins Hohlkreuz fallen, wenn Sie den Oberkörper zurückführen.

Sechstes Kapitel / *Königsdisziplin*

Stretch-Crunch

- Rückenlage, führen Sie die Sohlen Ihrer Füße zusammen – die Füße bleiben dabei auf dem Boden.
- Lassen Sie Ihre Knie nun zur Seite fallen.
- Richten Sie sich nun so weit wie möglich auf. Halten Sie den Punkt der maximalen Kontraktion für etwa zwei Sekunden.

Variation: Halten Sie Ihre Hände an die Schläfen, die Ellenbogen bleiben auf der Höhe des Hinterkopfs.

Tipp: Je näher Sie die Füße zum Becken führen, desto schwerer wird die Übung!

Gerade Bauchmuskulatur

Crunch mit gestreckten Beinen

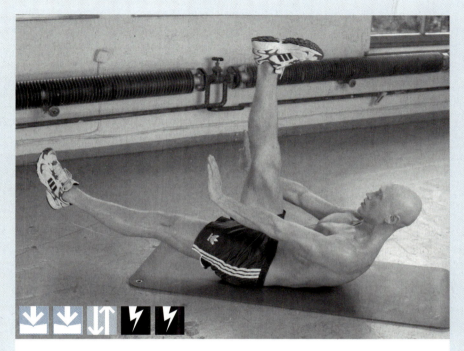

* Rückenlage, strecken Sie die Arme nach vorn und das rechte Bein nach oben.
* Heben Sie das linke Bein etwas vom Boden ab, führen Sie die Arme mit einem Crunch nach vorne.
* Wechseln Sie nach jedem Satz die Beinposition.

Variation: Führen Sie beide Arme gleichzeitig oder im Wechsel zum Knöchel des gestreckten Beins.

Tipp: Bei dieser Übung wird der untere Anteil der geraden Bauchmuskulatur mitgefordert.

Sechstes Kapitel / *Königsdisziplin*

Negatives

✳ Setzen Sie sich mit gebeugten Knien auf den Boden.
✳ Halten Sie die Arme ungefähr in Körpermitte, die Handflächen zeigen zu den Knien.
✳ Senken Sie den Oberkörper langsam zum Boden ab. Beugen Sie dabei den Rumpf, indem Sie Ihre Bauchmuskulatur anspannen und dadurch im unteren Rücken rund werden.
✳ Richten Sie sich nach oben auf, wenn sich Ihr Körper etwa in einem 45-Grad-Winkel befindet.

Wichtig: Vorsicht bei Beschwerden in der Lendenwirbelsäule!

Gerade Bauchmuskulatur

Ball-Crunch

- ✳ Legen Sie sich so auf den Ball, dass er bis knapp unter die Schulterblätter reicht. Positionieren Sie Ihre Füße so, dass Sie den Oberkörper stabil halten können.
- ✳ Nehmen Sie die Hände an die Schläfen, und richten Sie sich auf, indem Sie die Bauchmuskulatur anspannen – die untere Rippe nähert sich den Beckenknochen.

Tipp: Da Sie aus der Vordehnung arbeiten, können Sie bei dieser Übung Ihre Bauchmuskeln über einen größeren Bewegungsradius trainieren. Diese Übung sieht zunächst spielerisch aus, hat es aber in sich! Wundern Sie sich also nicht über einen anschließenden Muskelkater!

Sechstes Kapitel / *Königsdisziplin*

Schwebe-Crunch

* Rückenlage, stellen Sie Ihre Füße auf.
* Richten Sie den Oberkörper auf, lösen Sie gleichzeitig die Füße von der Matte.
* Senken Sie anschließend den Oberkörper wieder ab, Ihre Fersen können Sie für einen kurzen Moment wieder absetzen.

Wichtig: Heben Sie die Füße nicht ruckartig oder mit Schwung. Auch wenn Sie die Beine absetzen – verlieren Sie nie die Spannung in der Bauchmuskulatur!

Tipp: Sie bewegen Ihre Beine synchron zum Oberkörper auf und ab.

Gerade Bauchmuskulatur

Hantel-Crunch

* Rückenlage, strecken Sie die Arme in Brusthöhe nach oben aus.
* Halten Sie in jeder Hand eine leichte Hantel.
* Lösen Sie Ihre Schulterblätter vom Boden, senken Sie Ihre Arme gleichzeitig langsam ab. Um Ihre Bauchmuskeln richtig zu fordern, lassen Sie sich mindestens vier Sekunden Zeit, bis die Hanteln Hüfthöhe erreicht haben.
* Halten Sie in dieser Position die Spannung für eine weitere Sekunde, kehren Sie dann langsam in die Ausgangsposition zurück.

Tipp: Die Hanteln helfen Ihnen bei der korrekten Bewegungsausführung. Sie sorgen außerdem dafür, dass Ihre Schultermuskeln mit ins Spiel kommen.

Sechstes Kapitel / *Königsdisziplin*

Kletter-Crunch

- Rückenlage, winkeln Sie die Beine an.
- Stellen Sie sich vor, Sie würden ein von der Decke herabhängendes Seil greifen. Beginnen Sie, langsam daran nach oben zu klettern, indem Sie im Wechsel mit einer Hand über die andere greifen. Klettern Sie, so weit Sie können, ohne jedoch den Rücken ganz aufzurichten.
- Lassen Sie sich für den Aufstieg bis zu fünf Sekunden Zeit, und genießen Sie anschließend für zwei Sekunden die Aussicht, bevor Sie sich auf den Rückzug begeben!

Gerade Bauchmuskulatur

Hebel-Crunch

- ✳ Strecken Sie sich in Rückenlage auf einer Matte aus, die Arme sind an den Ohren entlang ausgestreckt.
- ✳ Heben Sie langsam den Oberkörper, bis die Schultern den Boden nicht mehr berühren und die Rippen sich dem Becken nähern.
- ✳ Halten Sie in der maximalen Kontraktion kurz an, bewegen Sie sich dann zurück in die Ausgangsposition.

Wichtig: Achten Sie unbedingt darauf, dass Ihre Lendenwirbelsäule Kontakt zum Boden behält. Und nicht mogeln: Halten Sie die Arme immer gestreckt!

Tipp: Profis können zusätzlich Hanteln verwenden!

Variation: Halten Sie eine Gewichtsscheibe mit gekreuzten Armen vor dem Körper, und versuchen Sie, sich so weit wie möglich aufzurichten.

Sechstes Kapitel / *Königsdisziplin*

Crunch mit Tube

- Rückenlage, heben Sie Ihre Beine so an, dass Ober- und Unterschenkel einen 90-Grad-Winkel bilden.
- Fassen Sie das Tube doppelt, und legen Sie es über die Unterschenkel.
- Richten Sie Ihren Oberkörper so weit auf, dass Ihre Schulterblätter keinen Kontakt mehr zum Boden haben. Mit Ihren Armen drücken Sie das Tube dabei so weit wie möglich zum Boden.

Tipp: Powertraining für den Bauch – mit einem Bonus für den Schultergürtel!

Gerade Bauchmuskulatur

Push-Crunch

* Rückenlage, die Beine sind um 90 Grad angewinkelt.
* Legen Sie das Tube doppelt an die Oberschenkel.
* Heben Sie den Oberkörper ab, und schieben Sie die gestreckten Arme langsam gegen den Widerstand des Tubes gerade nach vorne.

Variation: Winkeln Sie nur ein Bein an, stellen Sie das andere auf den Boden.

Sechstes Kapitel / *Königsdisziplin*

Power-Tube-Crunch

- ✳ Befestigen Sie das Tube mit einer Schlaufe an Ihrem Fuß: Stellen Sie dafür anfangs einen Fuß auf die Mitte des Tubes, und legen Sie es einmal um die Fußmitte.
- ✳ Rückenlage, führen Sie die Griffe des Tubes hinter Ihren Kopf, die Ellenbogen zeigen nach außen.
- ✳ Heben Sie den Kopf und die Schulterblätter vom Boden ab, und atmen Sie dabei aus.

Wichtig: Halten Sie die Hände stabil! Ziehen Sie während der Bewegung nicht mit den Händen an Ihrer Halswirbelsäule.

Gerade Bauchmuskulatur

Butterfly-Crunch

- ❋ Rückenlage auf einem Stepp, die Beine sind angehoben und leicht gebeugt.
- ❋ Halten Sie in den Händen jeweils eine Kurzhantel, die Handflächen zeigen nach vorne, die Arme sind gebeugt.
- ❋ Startposition: Ihre Schulterblätter sind bereits angehoben. Heben Sie nun den Oberkörper noch um einige Zentimeter weiter an, strecken Sie dabei die Arme aus, und führen Sie die Hanteln zusammen, sodass in der Endposition die Handflächen zueinander zeigen.
- ❋ Halten Sie in dieser Position kurz an, bewegen Sie sich dann zurück in die Ausgangsposition.

Wichtig: Ziehen Sie die Schultern insbesondere in der Rückbewegung nicht hoch! Lassen Sie die Ellenbogen nicht nach innen oder außen ausweichen.

Sechstes Kapitel / *Königsdisziplin*

Toe-Touches

- Rückenlage, ziehen Sie die Knie heran, und strecken Sie die Beine senkrecht nach oben aus.
- Strecken Sie beide Arme nach oben aus.
- Richten Sie sich nun betont langsam und ohne Schwung in Richtung Ihrer Zehenspitzen auf.

Tipp: Bei dieser Übung wird gleichzeitig Ihre Beinrückseite gedehnt! Ist das bei Ihnen nicht der Fall, so ziehen Sie Ihre Fußspitzen betont heran – spätestens jetzt sollte eine Spannung spürbar sein. Wenn Sie die Zehenspitzen auf Anhieb erreichen, verfügen Sie bereits über eine exzellent gekräftigte Bauchmuskulatur!

Variation: Um die schräge Bauchmuskulatur zu trainieren, ziehen Sie die Arme schräg zu einer Seite nach oben.

SCHRÄGE BAUCHMUSKULATUR:
Taille macht Figur

Schräger Basic-Crunch

- ✳ Rückenlage, heben Sie die Beine so an, dass Ober- und Unterschenkel einen 90-Grad-Winkel bilden.
- ✳ Die Arme sind in Richtung Knie gestreckt.
- ✳ Richten Sie den Oberkörper langsam bis zum höchstmöglichen Punkt auf, führen Sie dabei die Arme seitlich am Oberschenkel vorbei.

Sechstes Kapitel / *Königsdisziplin*

Easy-Abs

- Wickeln Sie sich ein Tube um die Füße.
- Rückenlage, die Beine sind hüftweit geöffnet.
- Legen Sie das Tube auf die Außenseite, fassen Sie es an den Griffen.
- Bewegen Sie sich langsam zu einer Seite nach oben, lassen sich dabei von der Spannung des Tubes führen.

Tipp: Die ideale Übung für Einsteiger mit einer noch schwach ausgeprägten seitlichen Bauchmuskulatur!

Schräge Bauchmuskulatur

Obliquous-Crunch

- Rückenlage, das linke Bein ist über das angewinkelte rechte Bein gelegt.
- Legen Sie den linken Arm seitlich ab, und halten Sie die rechte Hand in Höhe der Schläfe.
- Kontrahieren Sie nun Ihre Bauchmuskulatur, indem Sie die rechte Schulter zum linken Knie führen. Halten Sie dabei den Rücken am Boden und den Kopf in Verlängerung der Wirbelsäule.
- Kehren Sie anschließend langsam in die Ausgangsposition zurück, und wechseln Sie die Seite.

Sechstes Kapitel / *Königsdisziplin*

Beinüberschlag

- ❋ Rückenlage, lassen Sie das linke Bein gestreckt, und beugen Sie das rechte Knie im 90-Grad-Winkel an.
- ❋ Die Arme sind seitlich ausgestreckt, die Handflächen zeigen zum Boden.
- ❋ Kreuzen Sie Ihr rechtes Knie über den Körper, versuchen Sie, den Boden der anderen Seite leicht zu berühren. Die Spannung in Ihrer Bauchmuskulatur darf dabei nicht verloren gehen!
- ❋ Kehren Sie in die Ausgangsposition zurück, und wiederholen Sie die Übung auf der anderen Seite.

Wichtig: Die Schultern bleiben während der gesamten Übung am Boden!

Schräge Bauchmuskulatur

Cross-over-Crunch

- Rückenlage, das linke Bein ist über das rechte gekreuzt.
- Der linke Arm ist angewinkelt, die Hand befindet sich an der Schläfe.
- Lösen Sie die rechte Schulter von der Matte, führen Sie den rechten Arm ausgestreckt am linken Oberschenkel vorbei.

Wichtig: Der Arm der zu trainierenden Körperseite soll während der gesamten Übung gestreckt bleiben.

Sechstes Kapitel / *Königsdisziplin*

Hüftrollen

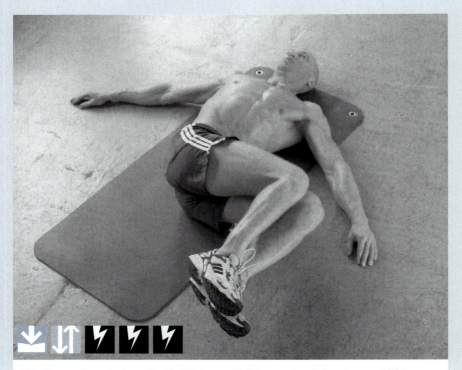

- ✳ Rückenlage, heben Sie die Knie an, die Unterschenkel zeigen parallel zum Boden.
- ✳ Die Arme sind seitlich ausgestreckt, die Handflächen ruhen auf dem Boden.
- ✳ Senken Sie beide Beine mit Hilfe der seitlichen Bauchmuskulatur langsam zu einer Seite ab, bis das untere Bein leicht den Boden berührt.
- ✳ Heben Sie die Beine ohne Pause wieder an, um sie nun zur anderen Seite abzusenken.

Wichtig: Halten Sie während der gesamten Übung Ihre Schulterblätter auf dem Boden!

Tipp: Mit dieser Übung trainieren Sie effektiv die seitliche Bauchmuskulatur und dehnen gleichzeitig die untere Rückenmuskulatur.

Schräge Bauchmuskulatur

Variation: Um den Schwierigkeitsgrad zu steigern, strecken Sie die Beine. Sollte Ihnen das nicht genügen, so zählen Sie bis vier, während Sie die Beine senken! Der Rückweg sollte ruhig im gleichen Tempo erfolgen. Profis können bei dieser Übung zusätzlich noch Gewichtsmanschetten verwenden!

Sechstes Kapitel / *Königsdisziplin*

Pendel

- Rückenlage, die Oberschenkel befinden sich senkrecht zum Boden, die Knie sind im 90-Grad-Winkel gebeugt.
- Klemmen Sie sich einen Ball zwischen die Beine, und pressen Sie ihn ordentlich zusammen! So bekommen Sie zusätzliche Spannung in die Beinmuskulatur.
- Heben Sie Schultern und Kopf ein paar Zentimeter vom Boden ab, und führen Sie die Knie langsam zur linken Seite. Bevor das linke Bein den Boden berührt, halten Sie kurz inne.
- Anschließend bewegen Sie sich langsam zurück zur Mitte und wiederholen die Übung dann auf der rechten Seite.

Schräge Bauchmuskulatur

Schräger Crunch

- Rückenlage, heben Sie die Beine so an, dass Ober- und Unterschenkel einen 90-Grad-Winkel bilden.
- Nehmen Sie die Hände an die Schläfen.
- Richten Sie den Oberkörper langsam auf. Drehen Sie ihn zur Seite, indem Sie die rechte Schulter zur Gegenseite, in Richtung des linken Beins, bewegen.
- Kehren Sie in die Ausgangsposition zurück, wiederholen Sie die Übungen auf der anderen Seite. Fahren Sie abwechselnd fort, bis Sie einen Satz vollständig ausgeführt haben.

Wichtig: Heben Sie zuerst die Schultern an, und drehen Sie sich erst anschließend zur Seite. Halten Sie die Ellenbogen entspannt auf Schulterhöhe, bewegen Sie sie nicht nach innen zur Brustmitte. Konzentrieren Sie sich während der Übung auf die korrekte Bewegungsausführung!

Sechstes Kapitel / *Königsdisziplin*

Cross-over-Kombi

* Rückenlage, das rechte Bein ist in der Startposition aufgestellt, das linke Bein ausgestreckt.
* Die Hände sind im Nacken verschränkt.
* Heben Sie nun den Kopf, die rechte Schulter und das linke Bein vom Boden ab. Führen Sie Ellenbogen und Knie so weit wie möglich zusammen – am besten bis zur Berührung!
* Kehren Sie in die Ausgangsposition zurück, und wiederholen Sie die Übung auf der anderen Seite.

Wichtig: Knie und Ellenbogen werden nur mit den Bauchmuskeln zusammengeführt – Schwung holen ist verboten!

Schräge Bauchmuskulatur

Adduktoren-Crunch

- ❋ Rückenlage, die Beine senkrecht nach oben ausstrecken, die Fußspitzen heranziehen, die Beine öffnen.
- ❋ Versuchen Sie, mit Ihren Händen bis auf Höhe der Zehenspitzen zu kommen.

Variation: Probieren Sie, mit der rechten Hand den linken Fuß zu erreichen und umgekehrt. Beide Arme bleiben dabei jedoch gestreckt!

Wichtig: Wenn Sie sich wechselseitig aufrichten, rollen Sie sich nicht mit Schwung zur Gegenseite.

Tipp: Hier trainieren Sie als Bonus gleichzeitig Ihre Oberschenkelinnenseite, also die Adduktoren, die dafür sorgen, dass Ihre Beine die Stellung halten!

Sechstes Kapitel / *Königsdisziplin*

Side-Bend

Startposition

* Stehen Sie aufrecht, die Füße etwas mehr als schulterbreit auseinander, die Knie sind leicht gebeugt.
* Startposition: Spannen Sie den gesamten Oberkörper an, und halten Sie einen Ball mit gebeugten Armen über dem Kopf.

Schräge Bauchmuskulatur

Endposition

* Bewegen Sie den Oberkörper so weit wie möglich seitwärts, ohne den Bewegungsablauf zu unterbrechen, beugen Sie sich anschließend zur entgegengesetzten Seite.

Wichtig: Achten Sie stets auf eine gerade Haltung – lehnen Sie sich weder vor noch zurück!

Sechstes Kapitel / *Königsdisziplin*

Diagonal-Crunch auf dem Fitball

- ✳ Legen Sie sich rücklings auf den Ball, stellen Sie die Füße bequem etwa schulterbreit auf den Boden.
- ✳ Einsteiger verschränken die Arme vor der Brust, Fortgeschrittene können die Intensität durch andere Armhaltungen variieren.
- ✳ Heben Sie nun langsam den Oberkörper an. Drehen Sie die rechte Schulter nach links ein. Versuchen Sie, dabei den Ellenbogen außen zu lassen!
- ✳ Kehren Sie in die Ausgangsposition zurück, und wiederholen Sie die Übung auf der anderen Seite.

Wichtig: Die Lendenwirbelsäule hat immer Kontakt zum Ball.

Schräge Bauchmuskulatur

Seitliches Rumpfaufrichten

* Rückenlage, beugen Sie das rechte Bein im Knie leicht an, schlagen Sie es über das linke Bein.
* Beide Arme sind in Richtung der Füße gestreckt.
* Richten Sie den Oberkörper so weit wie möglich seitlich auf.

Tipp: Profis können jeweils für einige Sekunden in der oberen, in einer mittleren und in der unteren Position bleiben.

Variation: Lösen Sie das untere Bein ein wenig vom Boden – damit spannen Sie zusätzlich die Innenseite des Oberschenkels (Adduktoren) an.

Sechstes Kapitel / *Königsdisziplin*

Seitbeuge im Liegen

* Rückenlage, die Füße ruhen auf einer Bank oder sind auf dem Boden abgestellt.
* Beide Arme sind während der Übung leicht vom Boden abgehoben.
* Heben Sie Kopf und Schultern wie beim Crunch an – der Oberkörper ist so weit angehoben, dass die Schulterblätter die Unterlage nicht mehr berühren.
* Neigen Sie den Oberkörper zur Seite – die unterste Rippe nähert sich dem Becken an. In einer fließenden Bewegung neigen Sie sich dann zur gegenüberliegenden Seite.
* Erspüren Sie, wie Ihre seitliche Bauchmuskulatur arbeitet!

Wichtig: Bewegen Sie sich ausschließlich dicht über dem Boden, nur in der Seitneigung – Drehbewegungen sind hier nicht erwünscht!

Schräge Bauchmuskulatur

Variation: Führen Sie die Übung mit Hilfe eines Tubes aus – so können Sie sich besser an den Bewegungsablauf gewöhnen. Die Beine sind angewinkelt, und das Tube wird mit den Füßen fixiert. Bringen Sie dann das Gummi mit gestreckten Armen auf Spannung. Neigen Sie sich gegen den Widerstand des Bandes abwechselnd nach rechts und nach links. Die Arme bleiben dabei immer gestreckt, die Schulterblätter immer angehoben. Der Vorteil: Die Spannung des Tubes führt die Bewegung!

Sechstes Kapitel / *Königsdisziplin*

Seiten-Crunch

- ✳ Rückenlage, heben Sie die Beine so an, dass die Unterschenkel einen 90-Grad-Winkel bilden.
- ✳ Halten Sie die Hände an die Schläfen.
- ✳ Drehen Sie die Beine nach rechts bzw. links zur Seite, senken Sie sie so weit wie möglich.

Wichtig: Die Schultern bleiben immer parallel zum Boden!

Variation: Heben Sie den Rumpf so weit wie möglich an, sodass beide Schulterblätter vom Boden gelöst sind. Anschließend senken Sie den Rumpf leicht ab, ohne die Schulterblätter abzulegen. Nicht schummeln – arbeiten Sie ohne Schwung!

Schräge Bauchmuskulatur

Seitlifts

* Legen Sie sich mit einem zusammengerollten Handtuch auf die linke Körperseite. Beugen Sie die Knie leicht an.
* Strecken Sie den rechten Arm über dem Kopf aus, sodass er mit dem Körper auf einer Linie liegt.
* Die linke Hand liegt in der rechten Taille. Heben Sie den Oberkörper langsam an, bis die unterste rechte Rippe fast die Hüfte berührt.
* Senken Sie den Oberkörper langsam wieder ab – legen Sie ihn jedoch nicht wieder ab –, und bewegen Sie ihn gleich wieder aufwärts.
* Wechseln Sie nach einem Satz die Seite.

Wichtig: Drücken Sie sich nicht mit dem unteren Arm vom Boden ab!

Tipp: Je nachdem, wie weit Sie den oberen Arm strecken, lässt sich die Intensität steigern.

Sechstes Kapitel / *Königsdisziplin*

Seitliches Beinheben

✳ Seitlage, beide Beine sind gestreckt. Legen Sie den Kopf auf den unteren Arm, und stützen Sie sich mit der freien Hand vor dem Körper ab.
✳ Heben Sie beide Beine geschlossen an.

Wichtig: Kippen Sie mit dem Becken nicht nach hinten, Ihre Fußspitzen sollten nicht nach oben zeigen, Ihr Oberkörper bildet eine Linie.

Variation: Ist Ihnen diese Ausführung zunächst zu schwer, so können Sie Ihre Beine bis zu einem 90-Grad-Winkel beugen.

Schräge Bauchmuskulatur

Seitstütz

- ✳ Seitlage, stützen Sie Ihren Oberkörper auf den Unterarm, der Ellenbogen befindet sich senkrecht unterhalb des Schultergelenks.
- ✳ Heben Sie das Becken an, bis der Körper eine Linie bildet. Aus dieser Position drücken Sie das Becken so weit wie möglich in Richtung Decke.
- ✳ Senken Sie die Körpermitte anschließend wieder ab, bis Sie fast den Boden berühren!

Tipp: Eine tolle Übung für eine perfekte Taille und einen starken Rücken. Sie eignet sich hervorragend als isometrische Halteübung, bei der Sie etwa 20 Sekunden in der aufgerichteten Position verharren, um dann die Seiten zu wechseln.

Variation: Könner spreizen darüber hinaus das obere Bein nach oben ab!

Sechstes Kapitel / *Königsdisziplin*

Seitbeugen

Schräge Bauchmuskulatur

✳ Stellen Sie sich mit schulterweit geöffneten Beinen gerade auf. Nehmen Sie eine fünf bis zehn Kilogramm schwere Hantel in die rechte Hand, halten Sie die linke Hand an der Schläfe.

✳ Während Sie nun gerade nach vorne schauen, beugen Sie die rechte Seite so weit wie möglich nach rechts.

✳ Bewegen Sie sich langsam wieder in die aufrechte Position.

Wichtig: Lassen Sie den Oberkörper nicht nach vorn oder hinten driften!

Sechstes Kapitel / *Königsdisziplin*

Russian-Twist mit dem Tube

Startposition

- Sie sitzen aufrecht, führen das Tube um beide Füße und halten es mit beiden Händen in Brusthöhe vor dem Körper!
- Drehen Sie nun den aufrechten Körper zur Seite, und fixieren Sie das Tube mit Ihrem Blick. Achten Sie darauf, dass Sie die Position Ihrer Arme halten!
- Drehen Sie anschließend den Oberkörper langsam zur entgegengesetzten Seite.

Schräge Bauchmuskulatur

Endposition

Wichtig: Die Bewegung erfolgt ausschließlich durch die Rumpfmuskulatur – nicht aus den Schultern oder Armen!

Tipp: Diese Übung trainiert zusätzlich Ihre gesamte Schultermuskulatur! Sie belastet weder die Halswirbelsäule noch die Nackenmuskulatur und ist daher besonders geeignet, wenn Sie bei den Crunches schnell Schmerzen in diesen Bereichen verspüren!

Variation: Je mehr Sie die Arme beugen oder die Beine weiter auseinander stellen, desto größer wird der zu überwindende Widerstand.

Sechstes Kapitel / *Königsdisziplin*

Oblique-Kombi

- Rückenlage, das rechte Bein ist gestreckt, das linke in einem 45-Grad-Winkel aufgestellt.
- Legen Sie Ihre rechte Hand auf die Bauchmuskulatur, um während der Übung die Spannung zu kontrollieren. Die linke Hand befindet sich seitlich am Kopf.
- Heben Sie nun gleichzeitig das rechte Bein und den Oberkörper nach oben, drehen Sie Ihren Körper während der Aufwärtsbewegung so ein, dass Sie mit dem linken Ellenbogen das rechte Knie berühren.

Schräge Bauchmuskulatur

Seitliches Taschenmesser

Variante

* Seitlage, stützen Sie sich mit einem Arm vor dem Körper ab, die andere Hand befindet sich an der Schläfe.
* Spannen Sie die seitliche Bauchmuskulatur an, um Ihre Schulter so weit wie möglich vom Boden zu lösen. Gleichzeitig bewegen Sie das obere Bein auf Ihren Oberkörper zu. Führen Sie diese Übung ohne Schwung aus!

Variation: Fortgeschrittene können den Punkt der maximalen Kontraktion für einige Sekunden halten! Profis verschärfen die Übung, indem sie beide Beine vom Boden lösen und natürlich trotzdem in der Seitlage bleiben.

Sechstes Kapitel / *Königsdisziplin*

Verschärfter Seitstütz

* Seitlage, stützen Sie sich auf den Ellenbogen, sodass der Unterarm mit nach oben zeigender Handfläche auf der Unterlage liegt. Er befindet sich senkrecht unter dem Schultergelenk. Beide Beine sind gestreckt, der Fuß des oberen Beines liegt vor dem des unteren Beines auf dem Boden.
* Heben Sie das Becken an, bis der Körper vom Kopf bis zu den Füßen eine Linie bildet.
* Strecken Sie den oberen Arm in Verlängerung des Schultergürtels nach oben aus, und spreizen Sie das obere Bein gleichzeitig ab.

Tipp: Bei dieser Übung wird die Muskulatur des gesamten Körpers gefördert.

Variation: Profis können das obere Bein im Wechsel strecken und beugen.

UNTERE BAUCHMUSKULATUR:
Der Feinschliff

Ein-Bein-Lift

* In der Ausgangsposition ist Ihr Becken bereits durch eine angespannte Bauchmuskulatur in Richtung der unteren Rippe angehoben.
* Beginnen Sie nun, abwechselnd ein Bein vom Boden anzuheben.

Variation: Steigern Sie den Schwierigkeitsgrad, indem Sie beide Beine gleichzeitig vom Boden anheben oder die Übung mit Gewichtsmanschetten an den Beinen ausführen.

Sechstes Kapitel / *Königsdisziplin*

Beckenheben mit Schwung

* Rückenlage, die Beine sind im rechten Winkel gebeugt, die Schultern etwas vom Boden abgehoben.
* Spannen Sie nun Ihre untere Bauchmuskulatur an. Lassen Sie gleichzeitig Ihre Beine zum Brustkorb sinken, sodass Sie den Schwung nutzen können, um Ihr Becken etwas in Richtung Decke anzuheben.

Tipp: Gönnen Sie Ihrer Bauchmuskulatur keine Pause, indem Sie die Beine möglichst langsam und kontrolliert zurückführen, anstatt sie lediglich fallen zu lassen!

Untere Bauchmuskulatur

Reverse-Curls

- ✳ Rückenlage, winkeln Sie die Beine an.
- ✳ Ziehen Sie den Bauch wie eine Ziehharmonika zusammen, und bewegen Sie Ihre Knie damit in Richtung Brust.

Tipp: Durch die Kontraktion der Bauchmuskulatur wird der untere Rücken etwas eingerollt. Einige Zentimeter reichen völlig aus, um Ihren Bauch effektiv zu trainieren. Wenn Sie die Übung steigern möchten, verwenden Sie zunächst Gewichtsmanschetten, bevor Sie eine anspruchsvollere Übungsvariante wählen.

Sechstes Kapitel / *Königsdisziplin*

Advanced-Reverse-Crunch

* Startposition: Schlagen Sie die Beine übereinander.
* Führen Sie die Knie nach oben, und bewegen Sie gleichzeitig Ihren Oberkörper wie beim normalen Crunch auf die Knie zu.

Variation: Intensivieren Sie die Kontraktion Ihrer Bauchmuskulatur, indem Sie versuchen, die Endposition für einige Sekunden zu halten. Profis können jeweils in der oberen, der mittleren und der unteren Position einen Stopp einlegen.

Untere Bauchmuskulatur

Rad fahren

* Rückenlage, Ihr Schultergürtel ist so weit angehoben, dass Sie mit den Schulterblättern den Boden nicht mehr berühren – Ihr Bauch ist bereits angespannt.
* Stabilisieren Sie sich mit den Armen seitlich vom Oberkörper, pressen Sie die Hände in den Boden.
* Beginnen Sie nun, die Knie im Wechsel zur Brust zu ziehen. Versuchen Sie dabei, bewusst die untere Bauchmuskulatur einzusetzen. Diese Bewegung ähnelt dem Radfahren, aber anstatt einer Kreisbewegung strecken Sie hier die Beine!

Wichtig: Wenn Sie nicht in der Lage sind, Ihren unteren Rücken am Boden zu fixieren, heben Sie die Beine an, bis das Hohlkreuz verschwindet.

Sechstes Kapitel / *Königsdisziplin*

Hüftheben

- Rückenlage, strecken Sie die Beine senkrecht in die Luft. Einsteiger können die Knie auch beugen, um den Schwierigkeitsgrad etwas zu senken.
- Die Arme liegen ausgestreckt neben dem Körper – nutzen Sie sie nur zur Balance, nicht zur Unterstützung der Bewegung!
- Heben Sie nun mit Hilfe der Bauchmuskeln die Hüfte langsam nach oben. Halten Sie Ihren Rumpf kurz in dieser Position, und senken Sie ihn anschließend langsam zurück in die Ausgangslage.
- Heben Sie langsam – ohne Schwung! – das Gesäß vom Boden ab. Spannen Sie Ihre Muskeln maximal an, der Bewegungsumfang ist nicht entscheidend.
- Halten Sie Ihren Rumpf kurz in dieser Position, und senken Sie ihn anschließend zurück in die Ausgangslage.

Variation: Profis, die bereits über eine exzellente Bauchmuskulatur verfügen, können diese Übung auch auf einer schrägen Unterlage gegen die Neigung ausführen.

Untere Bauchmuskulatur

Untere Bauchmuskulatur mit Tube

- Rückenlage, die Beine sind so angehoben, dass Unter- und Oberschenkel einen 90-Grad-Winkel bilden.
- Fassen Sie das Tube doppelt, und drücken Sie es gegen Ihre Oberschenkel. Der Schultergürtel ist dadurch etwas angehoben.
- Strecken Sie nun die Arme aus, und bewegen Sie die Knie gegen den Widerstand des Gummis in Richtung Kopf.

Vorteil: Hier wird die Muskulatur von Schultergürtel und Bauch gleichzeitig gefordert!

Sechstes Kapitel / *Königsdisziplin*

Ruder-Crunch

Startposition

- Setzen Sie sich auf eine Bank oder auf die Kante eines Stuhls, die Knie sind leicht angewinkelt, die Füße stehen flach auf dem Boden. Um die Balance zu halten, stabilisieren Sie sich mit den Händen an den Seiten der Bank und lehnen sich im 45-Grad-Winkel zurück.
- Heben Sie nun die Beine vom Boden ab. Ziehen Sie die Knie zur Brust, während Sie den Oberkörper weiter aufrichten.
- Halten Sie diese Position für einige Sekunden, und führen Sie dann Oberkörper und Beine gleichzeitig in die Ausgangsstellung zurück.

Untere Bauchmuskulatur 159

Endposition

Wichtig: Halten Sie die Bauchmuskulatur während der gesamten Übung angespannt, und lassen Sie den Rücken möglichst gerade!
Variation: Sie können die Übung weiter intensivieren, indem Sie die Spannungsposition für einige Sekunden halten.

Sechstes Kapitel / *Königsdisziplin*

Alternierendes hängendes Knieheben

Untere Bauchmuskulatur

✳ Sie hängen an einer Klimmzugstange.

✳ Heben Sie im Wechsel jeweils ein Knie so hoch wie möglich zur Brust.

✳ Senken Sie das Bein anschließend kontrolliert und langsam wieder ab, bevor Sie mit dem anderen loslegen!

Tipp: Bei dieser Übung ist es völlig normal, dass sich Ihre Hüften etwas mit nach vorne bewegen. Die Übung ist der perfekte Einstieg für eine neue Form des Trainings für die untere Bauchmuskulatur: Beim Training an einer Klimmzugstange wird neben Ihrer gesamten Bauchmuskulatur auch Ihre Hüftbeugemuskulatur gefordert.

Variation: Sie wollen noch mehr? Steigern Sie die Intensität, indem Sie mit Ihren Beinen eine Radfahrbewegung imitieren und somit Ihre Knie ohne Pause im schnellen Wechsel zur Brust anheben!

Sechstes Kapitel / *Königsdisziplin*

Hängendes Knieheben

Untere Bauchmuskulatur

* Sie hängen mit gebeugten Knien an einer Klimmzugstange, die Oberschenkel befinden sich minimal weniger als parallel zum Boden.
* Ziehen Sie nun vor allem mit Hilfe der Bauchmuskulatur die Knie langsam zur Brust.
* Senken Sie anschließend die Beine wieder zurück in die Ausgangsposition – jedoch nicht tiefer!

Wichtig: Diese Übung für den unteren Bauch ist eine der schwersten des Workouts – sie setzt bereits eine gut gekräftigte Bauch- und Rückenmuskulatur voraus! Ihre Hüften werden sich leicht nach vorne schieben. Lassen Sie jedoch dem Schwung keine Chance, den Körper zu bewegen!

Tipp: Um bei dieser Übung Ihre Bauchmuskulatur bis zum Letzten zu fordern, benutzen Sie am besten Handgelenksschlaufen – mit ihnen fällt der Griff deutlich leichter.

Variation: Wenn Sie bei dieser Übung mindestens zehn bis zwölf Wiederholungen sauber ausführen können, ist es Zeit für eine Steigerung, bei der Sie mit einer komplexeren Bewegung zusätzlich Ihre schrägen Bauchmuskeln ins Spiel bringen: Aus derselben Ausgangsposition versuchen Sie nun, beide Knie zur rechten Schulter anzuheben, Ihre Hüften bewegen sich dabei deutlich sichtbar mit nach oben, Ihr unterer Rücken formt sich rund. Bewegen Sie die Knie also diagonal an Ihrer Brust vorbei. Kehren Sie anschließend langsam in die Ausgangsposition zurück, und heben Sie die Knie nun zur linken Schulter an. Diese Übung ist eine Herausforderung für jeden Bauchathleten!

Sechstes Kapitel / *Königsdisziplin*

ATHLETICS:
Das Bauchmuskel-Plus

Um auch Profis vor neue Herausforderungen zu stellen, haben wir in den Athletics die komplexesten und daher anspruchsvollsten aller Bauchübungen zusammengefasst. Der ultimative Trainingskick für jeden Waschbrettathleten!

Push and Pull

* Rückenlage, die Hände befinden sich seitlich am Kopf.
* Heben Sie den Kopf und den Schultergürtel vom Boden ab.
* Lösen Sie den Oberkörper nur leicht vom Boden, strecken Sie die Beine im Wechsel aus – je kleiner der Winkel, desto schwieriger die Übung! Stellen Sie sich vor, Sie müssten dabei mit den Fußsohlen schieben und ziehen.
* Bringen Sie nun mit einer kontrollierten Bewegung das rechte Knie und den linken Ellenbogen zusammen, während das linke Bein ausgestreckt wird.
* Wiederholen Sie im Wechsel.

Wichtig: Der untere Rücken bleibt während der gesamten Übung am Boden.

Tipp: Je kräftiger Sie werden, desto mehr sollten Sie Ihren Oberkörper anheben.

Athletics

Beinscheren-Crunch

- Rückenlage, die Beine liegen gestreckt am Boden.
- Halten Sie die Hände an den Schläfen.
- Heben Sie nun beide Beine um einige Zentimeter vom Boden ab.
- Richten Sie dann Ihren Oberkörper langsam nach oben auf (wie beim normalen Crunch), und heben Sie zugleich das rechte gestreckte Bein maximal nach oben an.
- Führen Sie den Oberkörper und das rechte Bein langsam wieder zurück, um ihn anschließend mit dem linken Bein erneut aufzurichten!

Tipp: Für ein besseres Timing der Bewegung heben Sie das gestreckte Bein für einige Sekunden vor dem Oberkörper an!

Wichtig: Spannen Sie immer zuerst die Bauchmuskulatur an, indem Sie den Rücken zur Unterlage drücken, bevor Sie das Bein anheben. Bewegen Sie das Bein niemals schwunghaft nach oben! Setzen Sie das Bein bei dynamischer Übungsausführung nicht ab.

Variante: Verschränken Sie Ihre Arme vor der Brust, und stellen Sie ein Bein angewinkelt auf, um die Intensität etwas zu senken!

Sechstes Kapitel / *Königsdisziplin*

Knee-touch

Startposition

Endposition

- ✳ Rückenlage, stellen Sie die Beine in einem 45-Grad-Winkel auf den Boden ab.
- ✳ Halten Sie die Hände an die Schläfen.
- ✳ Spannen Sie nun Ihre gesamte Bauchmuskulatur an. Bewegen Sie Ihre Knie und somit auch das Gesäß in Richtung Brust. Heben Sie gleichzeitig Ihren Oberkörper so weit an, dass Sie mit Ihren Ellenbogen die Knie berühren können.
- ✳ Gehen Sie kontrolliert in die Ausgangsposition zurück.

Athletics

Variation: Die schräge Bauchmuskulatur trainieren Sie, wenn Sie beide Knie zur linken Seite führen und in der Endposition den Oberkörper so aufrichten und eindrehen, dass Sie mit dem linken Ellenbogen das rechte Knie berühren!

Sechstes Kapitel / *Königsdisziplin*

Sitzender Oblique-Crunch

* Setzen Sie sich mit gestreckten Beinen an das Ende einer Bank oder auf eine Stuhlkante. Heben Sie die Beine so an, dass Knie und Hüftgelenk einen 90-Grad-Winkel bilden. Als Profi müssen Sie sich nicht mit den Händen abstützen, sondern halten Sie auf Brusthöhe.
* Führen Sie nun langsam die linke Schulter zum rechten Knie.
* Bewegen Sie sich genauso langsam in die Ausgangsposition zurück, wechseln Sie dann die Seite.

Athletics

Ballkombi

* Rückenlage, die Füße sind auf den Boden aufgestellt.
* Startposition: Halten Sie mit gestrecktem Arm einen Ball zwischen den Beinen, die Schulterblätter sind bereits vom Boden gelöst, die Bauchmuskulatur ist dadurch angespannt.
* Senken Sie nun den Oberkörper etwas ab, und bringen Sie den Ball zur rechten Seite.
* Halten Sie die Spannung für einige Sekunden, führen Sie den Ball anschließend erneut zwischen die Beine, um ihn von dort aus nun zur linken Seite zu bringen.

Variation: Erhöhen Sie die Intensität, indem Sie den Ball nach links und nach rechts führen, ohne mit dem Oberkörper zurückzurollen!

Sechstes Kapitel / *Königsdisziplin*

Stehende Rumpfrotation

Startposition

- ✱ Sie stehen aufrecht, die Füße schulterbreit auseinander, die Beine sind im Kniegelenk leicht gebeugt, die Gesäßmuskulatur ist angespannt. Ihr Gewicht ruht auf den Fußballen.
- ✱ Halten Sie ein Zusatzgewicht – ideal ist z.B. ein Medizinball – mit gestreckten Armen in Brusthöhe vor dem Körper.

Athletics

Endposition

* Spannen Sie nun die schräge Bauchmuskulatur an, und drehen Sie den Oberkörper dynamisch zur rechten Seite.
* Ohne Pause geht es zur entgegengesetzten Seite!

Wichtig: Um die Belastung für die Knie gering zu halten, drehen Sie sie während der Bewegung mit!

Sechstes Kapitel / *Königsdisziplin*

Gravity-Crunch

- ✻ Rückenlage auf einem schräg gestellten Steppboard. Sie arbeiten gegen die Schwerkraft – Kopf nach unten! Strecken Sie die Beine zur Decke, und beugen Sie sie im 90-Grad-Winkel.
- ✻ Strecken Sie die Arme gerade und über Kreuz so aus, dass der Kopf fast auf den Oberarmen ruht.
- ✻ Heben Sie die Schulterblätter und das Gesäß langsam um ein paar Zentimeter vom Board ab.
- ✻ Halten Sie kurz die höchste Position, bevor Sie den Körper langsam wieder senken.

Variation: Wenn Sie es wirklich wissen wollen, halten Sie zusätzlich eine Kurzhantel!

Athletics

Rotations-Crunch

* Rückenlage, die Beine stehen in einer angenehmen Entfernung angewinkelt auf dem Boden.
* Strecken Sie die Arme auf Schulterhöhe zur Decke.
* Spannen Sie die Bauchmuskeln an. Heben Sie Schultern und Kopf leicht vom Boden ab.
* Bewegen Sie den Oberkörper langsam für ein paar Zentimeter von einer Seite zur anderen.

Wichtig: Die Arme bleiben gestreckt, die Hüften fest am Boden.
Variation: Profis intensivieren die Übung, indem sie einen Ball oder eine leichte Hantel zwischen den Händen halten.

Sechstes Kapitel / *Königsdisziplin*

«Russian Twist»

Startposition

Endposition

- ❋ Sie sitzen im 45-Grad-Winkel auf dem Boden, die Beine sind leicht angewinkelt und gekreuzt.
- ❋ Die Arme sind in Brusthöhe ausgestreckt.
- ❋ Suchen Sie eine Position, in der Sie das Gleichgewicht halten können. Sie können die Füße auch gegen einen Widerstand fixieren.
- ❋ Drehen Sie den Oberkörper so weit wie möglich zur Seite, senken Sie dabei den Rücken etwas ab.
- ❋ Drehen Sie sich anschließend wieder zur Mitte, und richten Sie sich in einem 45-Grad-Winkel auf.
- ❋ Führen Sie dann den gleichen Bewegungsablauf nun zur linken Seite aus.

Variation: Um den Schwierigkeitsgrad zu erhöhen, können Sie während der gesamten Übung die Hände an die Schläfen halten und die Ellenbogen nach außen drücken!

Athletics

Klappmesser mit einem Bein

* Rückenlage, beugen Sie auf dem Boden ein Bein im 90-Grad-Winkel, das andere Bein ist gebeugt.
* Die Arme sind hinter dem Kopf ausgestreckt.
* Bewegen Sie gleichzeitig das gestreckte Bein und den Oberkörper nach oben, und versuchen Sie, mit den Händen den Fuß dieses Beins zu berühren.
* Wechseln Sie anschließend die Seite.

Wichtig: «Reißen» Sie Ihre Arme nicht nach oben, konzentrieren Sie sich stattdessen auf die Spannung in Ihrer Bauchmuskulatur.

Sechstes Kapitel / *Königsdisziplin*

Klappmesser

* Rückenlage, die Beine sind angewinkelt, die Fersen drücken in den Boden.
* Halten Sie Ihre Hände an die Schläfen.
* Heben Sie gleichzeitig den Oberkörper und die gebeugten Beine vom Boden ab. Versuchen Sie, mit Ihren Ellenbogen die Knie zu berühren.
* Kehren Sie in die Ausgangsposition zurück, aber legen Sie Ihre Schulterblätter nicht auf dem Boden ab.

Wichtig: Meiden Sie diese Übung bei Rückenbeschwerden!

Athletics

Beetel

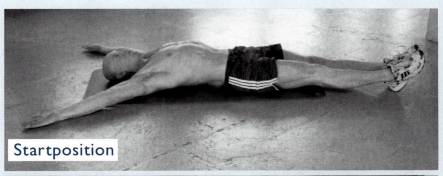

Startposition

Endposition

* Strecken Sie in der Rückenlage die Beine gerade und die Arme leicht schräg zur Seite aus.
* Richten Sie nun den Oberkörper auf, und lösen Sie die linke Schulter von der Unterlage. Heben Sie gleichzeitig das rechte Bein an, indem Sie das Knie heranziehen.
* Drehen Sie das herangezogene Bein ein wenig nach außen, und führen Sie gleichzeitig die linke Hand zur rechten Ferse.

Wichtig: Hier gibt es keine Pause, in der Rückbewegung sollten Sie das zu streckende Bein nicht mehr auf der Unterlage ablegen.

Tipp: Sie können diese Übung ausschließlich zu einer Seite oder im Wechsel zu beiden Seiten ausführen. Führen Sie die Bewegung auf jeden Fall langsam und kontrolliert sowie in gleichmäßiger Geschwindigkeit aus – Schwung holen wird geahndet! Um Ihre Bauchmuskeln intensiv zu fordern, achten Sie darauf, dass Ihr Oberkörper stets so weit aufgerichtet ist, dass die Schulterblätter vom Boden gelöst sind.

Sechstes Kapitel / *Königsdisziplin*

Langhantel-Roll-out

✳ Knien Sie auf einer weichen Unterlage (Matte oder Handtuch).
✳ Stützen Sie sich mit den Händen auf eine Langhantel, die sich in der Startposition etwa unterhalb der Schultern befindet.
✳ Halten Sie während der gesamten Übung den Rücken gerade und die Rumpfmuskulatur fest angespannt.
✳ Rollen Sie nun die Hantel langsam so weit nach vorn, wie Sie die Spannung noch halten können.
✳ Anschließend führen Sie die Hantel wieder in die Startposition zurück.

Tipp: Richtung Osten ausgeführt, sichern Sie sich mit dieser Übung Bonuspunkte für Ihr nächstes Leben!

Athletics

Torso-Twist

Startposition

Endposition

- ❋ Sie sitzen mit angewinkelten Beinen aufrecht am Boden.
- ❋ Ihre Arme sind nach vorne gestreckt, die Handflächen zeigen nach unten.
- ❋ Lösen Sie nun die Fersen vom Boden, drehen Sie den Oberkörper nach rechts, und führen Sie gleichzeitig die Beine zur entgegengesetzten Seite.
- ❋ Anschließend geht es zurück in die Ausgangsposition, dann weiter in entgegengesetzter Richtung!

Wichtig: Führen Sie diese anspruchsvolle Übung nur mit einer starken unteren Rückenmuskulatur aus!

Sechstes Kapitel / *Königsdisziplin*

Beinheben

- ❋ Rückenlage, die Arme befinden sich seitlich am Körper, die Hände unter dem Gesäß. Die Schulterblätter sind angehoben, der untere Rücken ist gegen die Unterlage gepresst.
- ❋ Heben Sie nun die gestreckten Beine maximal nach oben an – die Kniegelenke sind dabei stets etwas angewinkelt.
- ❋ Senken Sie die Beine anschließend nach unten ab, ohne allerdings den Boden zu berühren – zählen Sie dabei langsam bis zwei.

Wichtig: Vermeiden Sie auf jeden Fall ein Hohlkreuz!

Variation: Heben Sie die Beine um etwa einen halben Meter vom Boden ab, zeichnen Sie mit Ihren Beinen eine Acht in die Luft, ändern Sie nach jeder Wiederholung die Bewegungsrichtung. Sollten dabei Koordinationsprobleme auftreten, beginnen Sie zunächst mit einfachen Kreisen! Experten variieren zusätzlich Bewegungsumfang und Geschwindigkeit während der Übung!

Athletics

Variation: Probieren Sie die so genannte «Schere»: In der Startposition sitzen Sie aufrecht und stützen sich mit den Armen ab. Heben Sie nun die gestreckten Beine nach vorne-oben an, und beginnen Sie, die Beine zu öffnen und beim Schließen zu überkreuzen.

Tipp: Für einen einfacheren Start heben Sie zunächst im Wechsel jeweils nur ein Bein nach oben an! Wählen Sie die Geschwindigkeit so, dass sich Ihre Beine ungefähr in der Mitte der Bewegung treffen.

Sechstes Kapitel / *Königsdisziplin*

Hüftheben mit Tube

* Rückenlage, die Beine zeigen an die Decke.
* Legen Sie ein Tube um die zur Decke gestreckten Fußsohlen. Fixieren Sie die Tubeenden mit den am Boden liegenden Händen. Bauen Sie einen Druck auf, der den Widerstand bei der Aufwärtsbewegung des Beckens stark erhöht.
* Heben Sie langsam das Becken vom Boden ab, halten Sie die höchste Position, bevor Sie das Becken ganz langsam wieder absenken.
* Kurz vor Bodenberührung beginnen Sie die nächste Aufwärtsbewegung.

Tipp: Die Grundübung kennen Sie schon aus dem Repertoire für die untere gerade Bauchmuskulatur! Mit dem Tube können Sie die Intensität radikal erhöhen.

Athletics

Doppelter Crunch

- ✳ Sie liegen auf der Seite, Ihr Gewicht ruht vor allem auf einer Gesäßhälfte. Ihre Beine sind fast gestreckt, mit dem unteren Arm stützen Sie sich vor dem Körper ab, die Hand des oberen Armes befindet sich an der Schläfe.
- ✳ Spannen Sie nun Ihre Bauchmuskulatur an, um gleichzeitig die Beine und den Oberkörper vom Boden anzuheben und die Knie und den Brustkorb zusammenzuführen.
- ✳ Kehren Sie anschließend wieder langsam und kontrolliert in die Ausgangsposition zurück.

Sechstes Kapitel / *Königsdisziplin*

Hängendes Beinheben

* Sie hängen mit langen Beinen an einer Klimmzug-Stange.
* Heben Sie nun die Beine gestreckt nach oben an.
* Senken Sie anschließend die Beine wieder zurück in die Ausgangsposition.

Athletics

Wichtig: Wenn Sie die Beine strecken, erhöhen Sie nicht nur den Schwierigkeitsgrad, Sie bringen auch Ihre Hüftbeugemuskulatur verstärkt zum Einsatz. Die Belastung für Ihren Rücken steigt! Auch hier können Sie zunächst versuchen, die Beine im Wechsel gestreckt nach oben zu führen. Probieren Sie bei dieser Übung bereits, Ihre Bauchmuskulatur mit zu aktivieren, indem Sie das gestreckte linke Bein zum rechten Arm führen.

Variation: Heben Sie Ihre Beine so weit an, dass sie sich parallel zum Boden befinden. Jetzt öffnen Sie die Beine langsam, um sie anschließend vor dem Körper im dynamischen Wechsel zu kreuzen. Abschließend können Sie sich an einer der folgenden Steigerungen versuchen: Führen Sie beide gestreckten Beine im Wechsel jeweils zum rechten oder zum linken Arm nach oben!

Sechstes Kapitel / *Königsdisziplin*

Kombi-Power-Crunch

* Sie legen sich rücklings auf den Boden, die Arme sind nach hinten gestreckt, die Beine angewinkelt.
* Halten Sie in den Händen einen Stock oder ein gespanntes Handtuch.
* Bewegen Sie nun langsam Hände und Füße zueinander. In der Endposition sollten die Schultern wie beim klassischen Crunch um einige Zentimeter über dem Boden und die Hüfte so weit wie möglich nach hinten gehoben sein.

Athletics 187

Variation: Profis können mit dem Stock sogar die Fußsohlen berühren.
Tipp: Hier fordern Sie gleichzeitig die oberen und unteren Segmente der Bauchmuskulatur!

Durchhalten,

Männer!

Siebtes Kapitel / *Durchhalten, Männer!*

Natürlich haben Sie eine Vorstellung davon, wie Ihr Traumkörper aussehen sollte. Und spätestens in der nächsten Kinowerbung sehen Sie wieder Männer, die Ihnen beweisen, dass es solche Körper auch tatsächlich gibt. Jetzt zucken Sie mit den Achseln, denken an Ihre schlechten Gene und sind bereit, die Mühen der letzten drei Wochen hinzuschmeißen, weil Sie noch nicht so aussehen wie der Werbeleinwandheld? Aber warum eigentlich? Die Beförderung zum Gruppenleiter bringt Sie doch auch nicht dazu, den Job gleich an den Nagel zu hängen, selbst wenn der Vorstandsvorsitz Ihr erklärtes Ziel ist. Vielmehr klopfen Sie sich selbst auf die Schulter, weil Sie die erste Etappe erfolgreich gemeistert haben. Gene hin oder her: **Auf lange Sicht sind es vor allem die Denkgewohnheiten, die schwerer zu beseitigen sind als sämtliche körperlichen Defizite.** Nicht umsonst heißt es im Spitzensport, dass der Geist die Besten von allen anderen unterscheidet. Also gehen auch Sie mental aufs Ganze – nur so können Sie Ihr volles körperliches Potenzial nutzen!

HEAD COACHING:
Den Erfolg vor Augen

Das kennen Sie bestimmt: Sie gehen motiviert bis in die Haarspitzen an Ihr neues Workout – und nach ein paar Trainingseinheiten wird es megahart. Plötzlich greifen Sie statt zur Hantel in die Chipstüte oder stehen bereits unter der Dusche, noch bevor Sie auch nur einen Meter gelaufen sind … Die Lösung des Dilemmas: Zu starken Muskeln gehört ein starker Geist. Um diesen bei Laune zu halten, sollten Sie dem geistigen Auge ein Schmankerl anbieten – deshalb sollten Sie beim Training immer ein Bild vor Augen haben, nach dem Sie Ihren Körper modellieren möchten: Stellen Sie sich das Profil Ihrer Bauchmuskeln vor – die sich abzeichnenden einzelnen Segmente, die Farbe Ihrer Haut, das Gefühl, wenn Sie die Muskeln beim Training berühren. Das geistige Bild sollte so präzise wie möglich sein. Stellen Sie sich auch vor, wie Sie sich mit Ihrer antrainierten Bauchmuskulatur und mit Ihrer gesteigerten körperlichen Leistungsfähigkeit fühlen werden – diese Bilder ergeben letztlich Ihr Selbstbild. **Kreieren Sie ein positives Selbstbild, das Ihnen hilft, die Ziele zu erreichen, die Sie sich für Ihren Bauch gesetzt haben!** Sie sind ein Athlet – betrachten Sie sich auch als solchen.

Konzentrieren Sie sich im Moment des Trainings genau auf den Muskel, den Sie gerade trainieren wollen, und visualisieren Sie die Muskelpartie – wie ein Hochspringer, der sich den perfekten Bewegungsablauf exakt vorstellt, bevor er zum Anlauf ansetzt. Stellen Sie sich also vor Augen, wie sich Ihre Hüfte auf die Rippen zu bewegt, wenn Sie Ihre untere Bauchmuskulatur trainieren, und spüren Sie die Anstrengung, die Ermüdung und das anschließende Brennen in Ihrer Muskulatur. Bei jeder Wiederholung müssen Sie die gesamte Bewegung sehen und spüren. Konzentration und Fokus können dann sehr mächtig sein – sie helfen Ihnen, den Moment zu gestalten, anstatt sich in Ausreden zu flüchten. Und das heißt, Sie können etwas verändern und bewegen – und damit beginnen, Ihren Bauch entsprechend Ihren Zielen zu formen!

Schaffen Sie sich Erfolgserlebnisse

Sie wollen einen tollen Job, eine glückliche Beziehung, einen großen Freundeskreis, viel Freizeit und einen perfekten Körper – nur wissen Sie nicht, wie Sie das alles in 24 Stunden am Tag schaffen sollen? Dann lernen Sie, Prioritäten zu setzen! Überlegen Sie genau, wie viel Zeit Sie sich innerhalb der Woche für Ihren Körper nehmen können. Wenn Sie einmal die Entscheidung getroffen haben, dass Sie die nächste Stufe auf der Karriereleiter erklimmen und Ihre Freundin nicht nur abgeschminkt sehen wollen, müssen Sie auch kein schlechtes Gewissen mehr haben, wenn es wieder nur für zwei Trainingseinheiten gereicht hat!

Gerade am Anfang wird Ihre Motivation unnötig strapaziert, wenn Sie enttäuscht sind, weil Sie nach drei Trainingseinheiten noch nicht Arnolds Maße erreicht haben. **Dabei kann jeder Spitzenleistungen erreichen – Sie müssen sie nur für sich definieren:** Für den einen bedeutet der Ausbau der Joggingrunde um einen weiteren Kilometer den Etappensieg, für den anderen ist es schon eine Herausforderung, den Motor dreimal pro Woche überhaupt anzuschmeißen. **Also bleiben Sie realistisch-optimistisch,** indem Sie sich neben dem höher gesteckten Langzeitziel – definierte und gut sichtbare Bauchmuskeln – kurzfristige und gut erreichbare Zwischenziele setzen, z.B. die Verbesserung Ihrer Ausdauer um zehn Minuten oder eine Runde Crun-

Siebtes Kapitel / *Durchhalten, Männer!*

ches mehr. Trainieren Sie anfangs lieber weniger, aber dafür kontinuierlich – das lässt Ihnen die Chance zur Steigerung und bringt Sie deshalb auf lange Sicht weiter. Und: Bleiben Sie flexibel! Kommt etwas Unvorhergesehenes dazwischen, z.B. eine Krankheit, dann halten Sie nicht an alten Zielen fest, sondern stellen sich auf die neue Situation ein. Letztlich peilen Sie ja nicht nur einen bestimmten Gewichtsverlust an, sondern konkrete Änderungen in Ihrem gesamten Ernährungs- und Bewegungsverhalten – es geht um den langfristigen Erfolg. Dieser Gedanke ist konstruktiv – und Sie sind vor Rückschlägen gefeit!

Dokumentieren Sie Ihre Fortschritte!

Im Job nennt man Sie doch auch den Chartmaker – also schreiben Sie sich auf, was Sie erreichen möchten, und verzeichnen Sie Ihre Trainingsfortschritte ruhig in einem Diagramm. Bewahren Sie auch alte Pläne auf, denn nur so können Sie Erfolge messen! Die ehrlichste Methode hat schon Arnie propagiert: ein geheimes Fotoarchiv. Fotografieren Sie sich am Start und von da an alle drei bis sechs Monate vor dem Spiegel.

So bleiben Sie Ihrem Training treu ...

... in guten wie in schlechten Zeiten!

→ Sobald Sie Ihre Trainingsroutine einstellen, sinkt Ihre Leistungsfähigkeit wieder kontinuierlich ab – das gilt sowohl für das Kraft- wie auch für das Ausdauertraining. Lässt Ihnen Ihr Terminplan beim besten Willen keine Zeit für das gewohnte Training, absolvieren Sie eben ein Kurzprogramm mit gesteigerter Intensität. So bleiben Sie in shape, und sobald Ihr Zeitplan lichter wird, wird Ihr gewohntes Pensum nicht zur Einstiegshürde. «Keine Zeit» ist keine Ausrede: Wer Fett verlieren will, kann über den Tag verteilt auch kurze Trainingsintervalle à dreimal zehn Minuten absolvieren! Und wenn es wirklich hart auf hart kommt, dann holen Sie doch wenigstens Ihre Brötchen zu Fuß ...

→ Machen Sie das Training zu einem Teil Ihres Alltags. Blockieren Sie Trainingszeiten im Kalender – so messen Sie dem Training die gleiche Bedeutung zu wie einem wichtigen Geschäftstermin, und das hat es auch verdient. Denn die Zeit, die Sie hier investieren, holen Sie später schnell wieder auf – Sie sind dynamischer, leistungsfähiger und effektiver!

→ Wer zu spät kommt, den bestraft der Bauch! Sollte Ihr Tagesablauf von Terminen und Stress bestimmt sein, verlegen Sie Ihr Workout besser gleich in die Morgenstunden. Dann ist Ihr Kopf noch frei, Sie genießen Ihr Workout – und machen anschließend mit gut durchbluteter Muskulatur im Büro eine exzellente Figur! Wer unbedingt nach dem Job zum Sport will, sollte seine Sporttasche trotzdem schon morgens mitnehmen. Die Versuchung ist sonst zu groß, sich bei der Tagesschau auf dem Sofa auszustrecken – von dem Sie dann garantiert nicht mehr hochkommen!

→ Auch auf Reisen finden sich für ein paar Laufschuhe und den Trainingsanzug immer ein Plätzchen in Ihrem Koffer sowie ein halbes Stündchen Zeit für ein Mini-Workout.

Siebtes Kapitel / *Durchhalten, Männer!*

→ Belohnen Sie sich! Am besten mit Dingen, die unmittelbar mit Ihrem Training zu tun haben, z.B. mit einem Paar neuer Laufschuhe oder einem schicken Fitness-Dress, mit dem Sie garantiert weiter zur Höchstform auflaufen.

→ Seien Sie auf Unannehmlichkeiten vorbereitet: Beim zweiten Krafttraining wird Sie der Muskelkater plagen, und irgendwann wird es auch gerade dann regnen, wenn Sie auf die Joggingstrecke gehen wollen.

→ Geteiltes Leid ist halbes Leid. Suchen Sie sich am besten einen Trainingspartner, und verabreden Sie sich regelmäßig zum Laufen oder zum Krafttraining. Das macht Spaß und verstärkt den sozialen Druck – sich selbst versetzt man leichter als einen guten Kumpel!

→ Auch wenn Sie Ihre Runde um den Weiher lieb gewonnen haben – wechseln Sie das Terrain, bevor Sie des Vertrauten überdrüssig werden und Ihr Training ganz sausen lassen. Laufen Sie wenigstens mal andersherum, die Kurven erscheinen Ihnen dann in völlig neuer Perspektive.

→ Leben Sie Ihre Phantasien aus – Extremsportarten sind nicht nur etwas für Lebensmüde und verrückte Adrenalinjunkies. Es gibt in nahezu jeder Sportart Angebote für den abgeklärten Sportler, und nichts reißt Sie so sehr aus der Routine wie ein echtes Abenteuer!

→ Sammeln Sie Kilometer! Wer seine Trainingsstrecken protokolliert, kann sich tolle Ziele setzen, z.B. binnen zwei Wochen einmal um Sylt herumlaufen (etwa 120 Kilometer) oder per Bike von München nach Rom in drei Monaten (950 Kilometer)!

→ Schlechte Laune und Lustlosigkeit sind keine Ausrede, sondern der beste Grund, um beim Training durchzustarten: Sportliche Aktivität fördert auch die Endorphin-Produktion – Ihre Depressionen verfliegen im Nu!

→ Wer sich nach sechs bis acht Wochen entmutigt fühlt, hat prinzipiell nichts falsch gemacht. Die Leistungskurve flacht hier generell zum ersten Mal spürbar ab. Also Zähne zusammenbeißen und weitermachen – die kurze Stagnation geht schnell vorüber!

→ Und wenn Ihr Körper schreit: «Ich will nicht mehr!»? Dann ignorieren Sie ihn zunächst, das Genöle hört bald auf.

Gegenstrategie: Konzentrieren Sie sich beim Laufen auf Ihre Umgebung, benutzen Sie Ihre Augen wie eine Videokamera, zoomen und fokussieren Sie Motive Ihrer Wahl, und hören Sie Musik.

→ O.k., Sie stehen trotz aller guten Tipps kurz vor dem Abbruch – keine Lust, keine Zeit, kein Fortschritt. Geben Sie sich noch eine Chance – indem Sie sich fragen, warum genau Sie abbrechen wollen: Langeweile? Überfordert? Keine Zeit? Versuchen Sie, diese Fragen zu ergründen, und überlegen Sie, wie Ihr Training hinsichtlich dieser Schwierigkeiten verbessert werden kann.

→ Denken Sie immer daran:
Für Ihr Sixpack gilt: «Use it or lose it!»

Pläne
für den flachenBauch

Achtes Kapitel / *Pläne*

PLAN A:
Der 4-Wochen-Ernährungsplan

Sie müssen auf Ihrem Weg zum Erfolg von Größe XXL zu XS nicht zum Sektierer werden: Unser Menüplan lässt sich leicht in Ihren Alltag integrieren und die begehrte reliefförmige Bauchstruktur zügig in greifbare Nähe rücken. Der ausgewogene Mix der wichtigsten Nährstoffe bietet die Chance, bis zu 4 Kilo Ballast loszuwerden und gleichzeitig bei entsprechendem Training zusätzliche Muskelmasse aufzubauen.

Tag 1, 8, 15, 22

Frühstück: 2 Scheiben Vollkornbrot mit wenig Butter und Konfitüre.
Snack: 1 Becherhüttenkäse, 1 Apfel.
Mittag: 300 g Pute, 70 g Vollkornnudeln, 1 EL Olivenöl, 1 Zwiebel, ½ Gurke.
Snack: Nüsse, 1 Apfel.
Abend: 300 g Kochfisch (gedünstet), 3 Pellkartoffeln, Salat

Tag 2, 9, 16, 23

Frühstück: 8 EL Getreideflocken, 1 Apfel, ½ Banane, Nüsse, 1 Joghurt.
Snack: 1 Dose Thunfisch in Wasser, 2 TL Olivenöl, 1 Zwiebel, Knäckebrot.
Mittag: 300 g Huhn, 60 g Vollkornnudeln, Salat.
Snack: Knäckebrot mit Quark und Honig.
Abend: 300 g Kochfisch, 60 g Vollkornnudeln, Oliven.

Tag 3, 10, 17, 24

Frühstück: 2 Honigbrötchen (Vollkorn).
Snack: 1 Banane und/oder 1 Apfel.
Mittag: 3 Pellkartoffeln, 250 g Gurkenquark mit Leinöl.
Snack: 2 Reiswaffeln mit Käse.
Abend: 300 g Rindersteak, ½ Ananas.

Tag 4, 11, 18, 25

Frühstück: Pilzrührei aus 4 ganzen Eiern und 2 Tomaten.
Snack: Vollkornbrot, Quark, Konfitüre.
Mittag: 300 g Grillfisch, 70 g Vollkornreis, Salat.
Snack: 1 Energieriegel.
Abend: 300 g Pute, 2 Pellkartoffeln, Salat.

Tag 5, 12, 19, 26

Frühstück: Obstsalat aus 1 Apfel, 1 Banane, 2 Kiwis und Nüssen.
Snack: 3 Eier auf Vollkornbrot.
Mittag: 300 g Huhn, Salat.
Snack: 2 Äpfel.
Abend: 300 g gedünsteter Fisch, $1/2$ Gurke, 3 Tomaten.

Tag 6, 13, 29, 27

Frühstück: 8 EL Getreideflocken, Rosinen, Trockenobst, $1/2$ Apfel.
Snack: 1 Magermilchjoghurt, 1 Banane.
Mittag: 1 Dose Thunfischfilets in Wasser, 70 g Vollkornreis.
Snack: 3 Reiswaffeln mit Konfitüre.
Abend: 300 g Rindersteak, 2 Pellkartoffeln, Salat.

Tag 7, 14, 21, 28

Frühstück: 3 Scheiben Vollkornbrot mit Magerquark und Konfitüre.
Snack: 1 Apfel, eine Hand voll Nüsse.
Mittag: 300 g Pute, 1 EL Olivenöl, 2 Pellkartoffeln, Salat.
Snack: 2 Reiswaffeln, 1 Becher Fruchtjoghurt.
Abend: 300 g Grillfisch, Salat, Oliven.

Achtes Kapitel / *Pläne*

Tipps für Vegetarier: Fleischloser Fettabbau

Auf Fleisch können Sie verzichten, auf Ihren Waschbrettbauch nicht?
So verändern Sie die Ernährungspläne richtig:

→ Hähnchen- und Putenfleisch sowie Fisch tauschen Sie am besten
   gegen Tofu (gleiche Menge) aus. Ob pur, geräuchert, mit Kräutern
   oder Madagaskar-Art. Das ist alles reine Geschmackssache. Vegeta-
   rische Grill-Alternative: Halloumi, eine Käsespezialität aus Zypern.

→ Statt Thunfisch und Heringshappen kommen zum Beispiel Rohkost-
   salate (wenig Öl!) oder Hüttenkäse in Frage.

→ Natürlich können Sie Fleisch bzw. Fisch auch durch Gemüse
   ersetzen. Wichtig bei der Zubereitung: so wenig Fett wie möglich
   (ideal: dämpfen).

→ Gute Protein-Kombis als Fleischersatz sind Getreide mit Magermilch (z.B. Müsli), mit Hülsenfrüchten (Vollkornbrot mit Linsenauf-
   strich, Hirse mit Kichererbsen) oder mit Eiern sowie Kartoffeln zu
   Milchprodukten wie Kräuterquark.

PLAN B:
Kondition kontra Kalorien

Hier sind Extra-Portionen erwünscht – allerdings nur sportlich gesehen. Eine der besten Methoden, den Energiebedarf des Körpers zu erhöhen, ist neben dem Kraft- das Ausdauertraining. Wer regelmäßig, d. h. ca. dreimal pro Woche über einen längeren Zeitraum jeweils mindestens 30 Minuten lang moderat trainiert und auf eine ausgewogene Ernährung achtet, vernichtet in kurzer Zeit die Fettschicht über seinen Bauchmuskeln.

Egal mit welcher Ausdauersportart Sie Ihre Pfunde bekämpfen, bauen Sie anfangs lieber die ein oder andere Pause ein, in der Sie sich mit sehr geringer Intensität bewegen, und versuchen Sie, das Training so in die Länge zu ziehen. Das festigt die Grundlagenausdauer und bewahrt Sie davor, womöglich vorzeitig völlig entkräftet abbrechen zu müssen.

JOGGEN:
Schritt für Schritt zum Sixpack

Als Lauf-Novize müssen Sie sich langsam an das Laufen gewöhnen. Das geht am besten, wenn Sie sich an unser Jog-Walk-Programm halten. Und so funktioniert's: zwei Minuten langsam joggen, eine Minute flott gehen. Diesen Jog-Walk acht- bis zehnmal wiederholen. Wichtig ist, dass Sie nicht aus der Puste kommen. Mit zunehmender Trainingsdauer verkürzen Sie die Walking-Intervalle und verlängern den Laufabschnitt. Wenn Sie irgendwann kein Lauf-Einsteiger mehr sind, können Sie auf das folgende Programm umsteigen:

1. und 2. Woche

Mo. Ruhetag.
Di. 2 km joggen.
Mi. 30 Min. schnell gehen.
Do. 3 km joggen.
Fr. 2 km joggen.
Sa. Ruhetag.
So. 3 km joggen.

Achtes Kapitel / *Pläne*

3. und 4. Woche
Mo Ruhetag.
Di. 3 km joggen.
Mi. 2 km joggen.
Do. 3 km joggen.
Fr. 2 km joggen.
Sa. Ruhetag.
So. 4 km joggen.

SPINNING:
Fettverbrennung auf Hochtouren
Die Programme sind für drei Trainingseinheiten pro Woche konzipiert.

1. Woche
→ Zehn Minuten einfahren, Puls in den Fettverbrennungsbereich bringen.
→ Fünf Minuten geringer Widerstand bei etwa 60 Umdrehungen pro Minute (rpm), Oberkörper nach vorne beugen, beim Triathlon-Lenker die Arme bequem ablegen.
→ Zwei Minuten mit 90 rpm, Hüfte nach hinten drücken und Pedale nach vorne, nicht nach unten treten.
→ Zwei Minuten bei höherem Widerstand bei 75 rpm.
→ Zwei Minuten bei geringerem Widerstand bei 100 rpm.
→ Zwei Minuten bei noch höherem Widerstand bei 60 rpm.
→ Zwei Minuten bei sehr hohem Widerstand bei 40 rpm stehend fahren. Drei Minuten Widerstand zurücknehmen bei 90 rpm und hinsetzen.
→ Zwei Minuten nochmal bei erhöhtem Widerstand bei 60 rpm.
→ Zehn Minuten Cool-down.

2. und 3. Woche
Erste Programmerweiterung
Vor dem Cool-down einbauen:
→ Drei Minuten lang Sprünge im Sattel. Hände schulterweit auf dem Lenker abstützen, im Rhythmus von acht Umdrehungen bei 60 rpm abwechselnd stehend und sitzend treten.
→ Zwei Minuten bei gesenktem Widerstand bei 80 rpm fahren.

4. Woche

Zweite Programmerweiterung

Vor dem Cool-down einbauen:

→ Eine Minute Widerstand erhöhen, bei 70 rpm bei je vier Umdrehungen stehend und sitzend treten.

→ Eine Minute Widerstand zurücknehmen bei 100 rpm.

→ Eine Minute Widerstand erhöhen bei 70 rpm und Sprünge im Vierer-Rhythmus ausführen.

→ Zwei Minuten Widerstand stark erhöhen bei 50 rpm.

SCHWIMMEN:
Zug für Zug mehr Muskeln

1. und 2. Woche

Mo.: Abwechselnd 50 Meter schwimmen und eine Minute aktive Pause (im Wasser bewegen), insgesamt zehn Durchgänge; danach zehn Minuten zügig durchschwimmen.

Di.: Ruhetag.

Mi.: Abwechselnd 50 Meter schwimmen und eine Minute aktive Pause, zwölf Durchgänge, dann zehn Minuten zügig durchschwimmen.

Do.: Ruhetag.

Fr.: Ruhetag.

Sa.: 50 Meter schwimmen, eine Minute aktive Pause, vier Durchgänge, anschließend zehn Minuten zügig durchschwimmen.

So.: Ruhetag.

3. und 4. Woche

Mo.: Abwechselnd 100 Meter schwimmen und eine Minute aktive Pause, sieben Durchgänge; danach 15 Minuten zügig durchschwimmen.

Di.: Ruhetag.

Mi. 50 Meter schwimmen, eine Minute aktive Pause, 100 Meter schwimmen, eine Minute aktive Pause, 100 Meter schwimmen, eine Minute aktive Pause, 150 Meter schwimmen, eine Minute aktive Pause, 200 Meter schwimmen, zwei Durchgänge; danach 15 Minuten zügig durchschwimmen.

Achtes Kapitel / *Pläne*

Do.: Ruhetag.
Fr.: Ruhetag.
Sa.: Siehe Mi.
So.: Ruhetag.

INLINESKATING:
Roll dich in Form

1. und 2. Woche

Mo.: Ruhetag.
Di.: 30 Minuten moderat skaten.
Mi.: Ruhetag.
Do.: 20 Minuten moderat skaten, 20 Minuten Speed-Skating.
Fr.: Ruhetag.
Sa.: 45 Minuten moderat skaten.
So.: 30 Minuten Speed-Skating mit einem 5-Kilo-Rucksack.

3. und 4. Woche

Mo.: Ruhetag.
Di.: 60 Minuten moderat skaten.
Mi.: Ruhetag
Do.: 60 Minuten skaten, im Fünfminutentakt zwischen ruhigem und zügigem Tempo wechseln.
Fr.: Ruhetag.
Sa.: 30 Minuten moderat skaten, 30 Minuten Speed-Skating, jeweils mit 5-Kilo-Rucksack.
So.: 50 Minuten skaten, im Zehnminutentakt schnelles und moderates Tempo wechseln, mit Speed-Phase beginnen (vorher aufwärmen).

SEILSPRINGEN:
Geheimwaffe für Muskeln statt Kilos

Versuchen Sie, jeden zweiten Tag für mindestens 20 Minuten zu trainieren. Variieren Sie die Intensität durch die Sprungfrequenz und bauen Sie unterschiedlichen Sprungvarianten ein (vgl. S. 60 Doppelsprung, Jogging- und Slalomschritt). Achtung: Nur für ausdauererfahrene Sportler geeignet!

1. und 2. Woche

Mo.: 3×2 und 1×3 Minuten hüpfen.
Di.: Ruhetag.
Mi.: 3×3 und 1×4 Minuten hüpfen.
Do.: Ruhetag.
Fr.: 3×4 und 1×5 Minuten hüpfen.
Sa.: Ruhetag.
So.: 2×5 und 2×6 Minuten hüpfen.

3. und 4. Woche

Mo.: 3×5 und 1×8 Minuten hüpfen.
Di.: Ruhetag.
Mi.: 2×6 und 2×8 Minuten hüpfen.
Do.: Ruhetag.
Fr.: 3×10 Minuten hüpfen.
Sa.: Ruhetag.
So.: 1×8 und 2×12 Minuten hüpfen.

PLAN C:
Das perfekte Workout

Das Besondere an unseren Trainingsprogrammen: Sie sind auf Ihr persönliches Leistungsniveau zugeschnitten. Für drei verschiedene Fitnessstufen finden Sie hier die passenden, aufeinander abgestimmten Übungen. Von den Basics bis zu den komplexen Varianten für das Eightpack, die Krönung des Männerbauchs. Die zusammengestellten Workouts greifen auf die Vielzahl der zuvor vorgestellten Übungen zurück. Wer ein und dieselbe x-mal wiederholt, wird nach einiger Zeit kaum mehr Fortschritte machen (vgl. S. 70).

Sie können bei Ihrem Training stufenweise vorgehen, sich also von einem Level zum nächsten steigern. Doch allein durch das Bauchmuskeltraining wird aus einer Wampe noch kein Waschbrett. Eine Kräftigung der Muskulatur kann lediglich das Masseverhältnis zugunsten des Muskels verschieben und so das angrenzende Gewebe straffen. Die einzige Möglichkeit, die überschüssigen Fettreserven abzubauen, ist eine geringere Energiezufuhr, als durch körperliche Arbeit und Grundumsatz verbraucht wird. Nur im Power-Mix aus einer ausgewogenen Ernährung sowie einem angemessenen Ausdauer- und Krafttraining wird nichts mehr bleiben wie es war in Ihrem Reich der Mitte. Egal, auf welchem Leistungsniveau Sie sich befinden, trainieren müssen Sie Ihre Körpermitte mindestens dreimal pro Woche – möglichst im Anschluss an eine Ausdauereinheit. Das Schöne daran ist, es gibt keine Ausreden, denn die Bauchmuskulatur lässt sich jederzeit und überall modellieren.

Achtes Kapitel / *Pläne*

EINSTEIGER:
Die besten Übungen gegen den Bauchansatz

Einsteiger bauen ihre Bauchmuskeln vor allem mit dem Crunch auf. Denken Sie bei der Übungsausführung immer daran: Auch wenn Sie schnell Erfolge sehen wollen, Tempo ist beim Bauchmuskeltraining fehl am Platz. Je exakter Sie die Bewegungen ausführen, desto deutlicher und schneller kommt der Erfolg. Wenige korrekt ausgeführte Wiederholungen sind deutlich effektiver als viele schlampige. Mit einem moderaten Übungstempo erzielen Sie die größte Kraftsteigerung. Steuern Sie also Ihre Bewegungsgeschwindigkeit mit der Atmung so, dass Sie beim Anspannen der Muskeln (Aufrichten) aus-, beim Absenken einatmen.

Tipp: Achten Sie beim Training bewusst darauf, welche Muskelpartien gerade besonders gefordert werden. Denn es ist erwiesen, dass die mentale Einstellung, also die Konzentration, das Muskelwachstum zusätzlich fördert.

Trainingsgestaltung

Intensität der Übung: Brechen Sie die Übung beim ersten Brennen in der Bauchmuskulatur ab, um mögliche Bewegungsfehler zu vermeiden.

Umfang: 1–2 Sätze

Pausenlänge: nach jedem Satz ca. 40 Sek., nach jeder Übung bis zu 60 Sek.

Bewegungsgeschwindigkeit: normales Tempo, d.h. ca. 3–4 Sekunden für eine Wiederholung.

Trainingshäufigkeit: 2–3-mal pro Woche (nach jeder Trainingseinheit sollten Sie sich mindestens 24 Stunden Pause gönnen)

Die Übungen:

1. Beckenheben mit Schwung, 1–2 × 10–15 Wdh. (S. 152)

2. Rad fahren, 1–2 × jeweils 20–30 Sekunden durchhalten (S. 155)

3. Obliquous Crunch, 1–2 × 15 Wdh. (S. 125)

4. Hüftrollen, 1–2 × 15–20 Wdh. (S. 128)

5. seitliches Beinheben, 1–2 × 10–12 Wdh. (S. 142)

6. Seitbeuge im Liegen, 1–2 × 15 Wdh. (S. 138)

7. Center-Crunch, 1–2 × 15 Wdh. (S. 107)

8. Stretch-Crunch, 1–2 × 15 Wdh. (S. 110)

Achtes Kapitel / *Pläne*

TRAINIERTE:
Für eine flache und definierte Körpermitte

Entscheidend für den Trainingserfolg ist es, die Muskulatur ständig mit neuen Übungen zu überraschen. Sonst gewöhnt sie sich schnell an die Belastung, und das Wachstum stagniert. Je breiter Ihre Übungspalette ist, desto effektiver wird das Workout. Belasten Sie Ihre Muskeln immer wieder mit neuen Übungen, um durch unterschiedliche Muskelspannungen neue Akzente zu setzen. Nur so können Sie sicher sein, dass aus dem angestrebten Sixpack kein Fourpack wird, weil etwa die unteren Anteile der Bauchmuskulatur vernachlässigt wurden.

Tipp: Sobald Sie mehr als 20 Wiederholungen von einer Übung schaffen, braucht die Muskulatur neue Wachstumsreize – Zeit, das Bewegungstempo zu drosseln, die Pausen zu verkürzen oder eine verschärfte Variante zu wählen.

Trainingsgestaltung

Intensität der Übung: Trainieren Sie so lange, bis Sie ein deutliches Brennen in der Muskulatur spüren.

Umfang: 2–3 Sätze

Pausenlänge: nach jedem Satz ca. 30 Sek., nach jeder Übung ca. 40–50 Sek.

Bewegungsgeschwindigkeit: normales Tempo, d.h. ca. 3–4 Sekunden für eine Wiederholung. *Steigerung:* Führen Sie bei jedem ersten Satz den Körper betont langsam in die Ausgangsstellung zurück. Allein für diesen Bewegungsabschnitt sollten Sie sich dann ca. 3 Sekunden Zeit lassen.

Trainingshäufigkeit: 3–4-mal pro Woche

Die Übungen:

1. **Reverse-Curls,** 2–3 × 15–20 Wdh. (S. 153)

2. **Klappmesser mit einem Bein,** 2–3 × 10–12 Wdh. (S. 175)

3. **Seitstütz,** 2–3 × Position für 20–30 Sekunden halten (S. 143)

4. **Cross-over-Kombi,** 2–3 × 15–20 Wdh. (S. 132)

5. **Schräger Basic-Crunch,** 2–3 × 15–20 Wdh. (S. 123)

6. **Crunch mit gestreckten Beinen,** 2–3 × 10–12 Wdh. (S. 111)

7. **Kletter-Crunch,** 2–3 × 10–12 Wdh. (S. 116)

8. **Crunch – der Klassiker,** 2–3 × 15 Wdh. (S. 106)

Achtes Kapitel / *Pläne*

SPORTLER:
Ein bretthartes Relief

Die Konturen sind schon deutlich zu erkennen. Nun geht es an das Feintuning. Cracks können auf dieser Leistungsstufe auch den Hüftbeuger mit einsetzen. Dabei müssen die Bauchmuskeln gleich doppelt ran: Einerseits sind sie für die Ausführung der Übung zuständig und andererseits müssen sie dem Zug der Hüftbeuger die das Becken kippen wollen entgegenwirken. Daher sind diese Übungen auch nur für diejenigen geeignet, die bereits über ein gut ausgeprägtes Muskelkorsett verfügen und nicht von Rückschmerzen geplagt werden. Sollten dennoch Beschwerden auftreten, wählen Sie Varianten aus der Übungssammlung oder den vorangegangenen Programmen aus.

Tipp: Intensivieren Sie Ihr Training zusätzlich, indem Sie im Moment der größten Anspannung (Bewegungsendpunkt) kleine Teilbewegungen, sogenannte Endkontraktionen ausführen.

Trainingsgestaltung

Intensität der Übung: maximale Wiederholungszahl (Burn, baby, burn! Belasten Sie die Muskeln bis zur letztmöglichen Wiederholung)

Umfang: 3 oder mehr Sätze

Pausenlänge: Nach jedem Satz ca. 20 Sek., nach jedem Satz ca. 30–40 Sek.

Bewegungsgeschwindigkeit: langsam und konzentriertes Tempo, d.h. mehr als 4 Sekunden für eine Wdh.

Trainingshäufigkeit: 4–6-mal pro Woche

Die Übungen:

1. **Knee-touch,** 3 × max. Wdh. (S. 166)

2. **Hängendes Knieheben,** 3 × max. Wdh. (S. 162)

3. **Doppelter Crunch,** 3 × max. Wdh. (S. 183)

4. **Advanced-Reverse-Crunch,** 3 × max. Wdh. (S. 154)

5. **Verschärfter Seitstütz,** 3 × Position max. halten (S. 150)

6. **Oblique-Kombi,** 3 × max. Wdh. (S. 148)

Achtes Kapitel / *Pläne* 214

7. Seitlifts, 3 × max. Wdh. (S. 141)

8. Toe-Touches, 3 × max. Wdh. (S. 122)

9. Center-Crunch, 3 × max. Wdh. (S. 107)

Kalorienkiller-Abc

Keine Frage: Sport verbraucht Kalorien. Hier sehen Sie auf einen Blick, wodurch Sie am besten Ihr Fett loswerden:

Individualsportarten	Zeit (Min.)	Kalorien je Gewichtsklasse: 70kg	80kg	90kg
Badminton	45	441	504	564
Bowling	60	412	468	528
Golf	240	1428	1632	1836
Inlineskating	60	504	576	648
Joggen (1 km/5 Min.)	60	874	998	1123
Kanu (Hobby)	120	368	420	476
Krafttraining	60	776	888	1000
Klettern (mit 5-kg-Rucksack)	180	1626	1854	2088
Radfahren (bei 15 km/h)	120	1420	1620	1824

Schwimmen

Rücken	20	237	270	304
Brust	20	227	259	292
Kraul	20	218	250	281
Skiabfahrt	20	155	178	200
Squash	45	668	763	859
Tennis	60	458	523	589
Tischtennis	60	286	326	367
Wandern (mit 18 kg Gepäck)	240	1680	1920	2160

Teamsportarten

Basketball	60	580	660	744
Fußball	90	832	950	1070
Handball	60	601	686	772
Hockey	70	656	749	845
Volleyball	60	210	240	270

Sonstige Aktivitäten

Garten umgraben	60	529	605	680
Holz hacken	20	416	475	535
Tapezieren	120	403	461	518
Treppen steigen	5	34	39	44

(Die Zahlen sind lediglich Näherungswerte. Der tatsächliche Verbrauch hängt von Ihrer persönlichen Fitness und dem individuellen Einsatz ab.)

Anhang

Die Autoren

Thorsten Tschirner, Jahrgang 1971, ist seit 10 Jahren im Fitness-Bereich als Instructor, Personal Trainer und zuletzt in leitender Position als Cheftrainer eines großen Hamburger Fitness-Clubs tätig. Die während dieser Zeit gesammelten Erfahrungen und Kenntnisse im Kraft- und Ausdauertraining setzt er regelmäßig als freier Autor u. a. für die Zeitschrift Men's Health um. Seit drei Jahren arbeitet Thorsten Tschirner zudem erfolgreich als Buchautor.

Dr. rer. pol. Christine Wolters, Jahrgang 1971, war wissenschaftliche Mitarbeiterin im Bereich Marketing der Universität Hamburg. Parallel zu ihrer akademischen Karriere arbeitete sie als Beraterin für Unternehmenskommunikation. Als freie Autorin hat sie sich erfolgreich auf die Themen Fitness und Ernährung spezialisiert und schreibt ebenfalls für das bekannte Männer-Magazin Men's Health.

Literatur

Gehrke, Thorsten: *Sportanatomie*. Rowohlt, Reinbek 1999

Fach, Heinz-Helge: *Trainingsbuch Bauchmuskulatur*. Rowohlt, Reinbek 1998

Heilig, Sabine, und Christina Gottschall: *Trainingsbuch Fatburner*. Rowohlt, Reinbek 2000

Geiss, Kurt-Reiner, und Michael Hamm: *Handbuch Sportler-Ernährung*. Rowohlt, Reinbek 1999

Boeckh-Behrens, Wend-Uwe, und Wolfgang Buskies: *Fitness-Krafttraining*. Rowohlt, Reinbek 2000

Petersen, Ole: *So einfach ist Fitness*. Rowohlt, Reinbek 2002

Brungardt, Kurt: *The Complete Book of Abs*. Villard Books, New York 1998

Abbildungsnachweis

S. 79: Stefanie Kleinschmidt (Illustration), in T. Gehrke: Sportanatomie. Reinbek 1999, 111, 113

S. 30: Katja Gehrmann (Illustration)

Herstellernachweis

Bekleidung auf den Übungsfotos: adidas-Salomon AG, Postfach 1120, 91072 Herzogenaurach

S. 51: Herzfrequenzmessgerät: Polar Electro GmbH Deutschland, Hessenring 24, 64572 Büttelborn

S. 98: Bonsport GmbH, Potsdamer Platz 2, 53119 Bonn, Tel. 02 28/ 7 25 49–0, E-Mail: bonsport@lesmills.de

Bücher zum Thema

rororo Men's Health

Men's Health: Muskelpillen – Die besten Fitmacher: Alle Präparate im Test
von Katharina Butz / Detlef Icheln (rororo 61178)

Men's Health: Penis pur. Was Männer wissen wollen
von Katharina Butz / Detlef Icheln (rororo 60691)

Men's Health: Bodyguide Mann. Fakten, Vorurteile und Funktionen
von Thomas Lazar (rororo 61113)

Men's Health: Der Survival-Guide: Was echte Männer können müssen
von Wolfgang Melcher (rororo 60860)

Men's Health: Know-how für Helden. Wie Mann alle Katastrophen meistert
von Wolfgang Melcher (rororo 61123)

**Men's Health: So macht Mann brave Mädchen wild.
Der ultimative Erotik-Guide**
von Astrid-Christina Richtsfeld (rororo 60680)

**Men's Health: Bei der nächsten Frau wird alles anders.
Was Männer sich sparen können**
von Astrid-Christina Richtsfeld (rororo 61116)

Men's Health: Das Schnarchbuch. Legenden, Auslöser, Gegenmittel
von Peter Spork (rororo 61155)

Men's Health: Das Bauchmuskelbuch.
von Thorsten Tschirner / Christine Wolters (rororo 61499)

Men's Health: Du siehst gut aus! Der Pflege-Guide für Männer
von Astrid Wronsky (rororo 60848)

Men's Health: Der Style-Guide. Mode-Ratgeber für Männer
von Bernhard Roetzel (rororo 61323)

Men's Health: Power-Workout für Body & Soul
von Robert S. Polster (rororo 61027)

Men's Health: Bodyconcept Laufen. Der Guide für Ausrüstung, Technik, Training
von Markus Stenglein/Rainer Müller-Hörner (rororo 61375)

Men's Health: Weg mit der Wampe. Der Guide für eine schlanke Ernährung
von Kirsten Thieme (rororo 61374)

Renner für Männer

Astrid Christina Richtsfeld
So macht Mann brave Mädchen wild *Der ultimative Erotik-Guide*
(rororo sachbuch 60680)

Christian Buchholz /
Peter Loycke
Scheidungsratgeber von Männern für Männer
(rororo sachbuch 60861)
Dieser Band behandelt alle wesentlichen Fragen zum Thema Scheidung und Trennung. Er enthält auch Informationen über die geltenden gesetzlichen Neuregelungen zum Kindschaftsrecht und zur elterlichen Sorge.

Katharina Butz /
Detlef Icheln
Penis pur *Was Männer wissen wollen*
(rororo sachbuch 60691)
«Penis pur» ist der erste Guide, der alle Fragen über das wichtigste Körperteil des Mannes kompetent und unterhaltsam beantwortet. Katharina Butz ist freie Medizinjournalistin, Trägerin verschiedener Journalistenpreise und Autorin für «Men's Health». Detlev Icheln ist Ressortleiter der Gesundheitsredaktion von «Mens Health».

Wolfgang Melcher
Der Survival-Guide: Was echte Männer können müssen
(rororo sachbuch 60860)
Dieser Band ist nicht nur spritzig und amüsant geschrieben, er ist vor allem nützlich: Denn hier steht, wie der Knopf am Hemd leicht wieder angenäht, die neue Kollegin bald erobert und die Gehaltserhöhung gewinnbringend angelegt ist.

Gisbert Redecker
Sex zwischen den Ohren *Das Gehirn als erogene Zone*
(rororo sachbuch 60682)
Gisbert Redecker ist Verhaltenstherapeut. Sein Arbeitsschwerpunkt ist die Paar- und Sexualtherapie.

Astrid Wronsky
Du siehst gut aus! *Der Pflege-Guide für Männer*
(rororo sachbuch 60848)
Die Zeiten, in denen man bei den Männern außer ihrer Zahnbürste vielleicht noch einen Rasierapparat im Bad finden konnte, sind lange vorbei, denn: ein gepflegter Body ist angesagt. Aber keine Panik, Männer! Wie so oft, sind es die einfachen, kleinen Tricks, die die Attraktivität fördern. All das findet sich in diesem Pflege-Guide.

Weitere Informationen in der **Rowohlt Revue**, kostenlos im Buchhandel, und im Internet: **www.rororo.de**

rororo sachbuch

Foto: Horst Lichte

rororo Ratgeber Krafttraining

Kompetente Ratschläge, Tipps und Antworten für Fitness und Bodybuilding

Hometrainer Bodybuilding
Übungen und Programme
Berend Breitenstein
3-499-61019-1

Bodybuilding: Massive Muskeln
*Die besten Übungen.
Schritt-für-Schritt-Fotos.
Mit 90-Tage-Programm*
Berend Breitenstein
3-499-61038-8

Fitness-Krafttraining
*Die besten Übungen und
Methoden für Sport und
Gesundheit*
Wend-Uwe Boeckh-Behrens/
Wolfgang Buskies
3-499-19481-3

Der Hantel-Krafttrainer
Die besten Übungen
Hans-Dieter Kempf/Andreas Strack
3-499-61013-2

Supertrainer Bauch
Die effektivsten Übungen
Boeckh-Behrens/Buskies
3-499-61028-0

Die Kraftküche
*Einfach, schmackhaft, gesund.
Die besten Rezepte für Fatburning
und Muskelaufbau*
Berend Breitenstein

3-499-19496-1

S 9/1a